张苙云 著

陶冶教养
从容自在做父母
PARENTING WITH POISE

上海社会科学院出版社
SHANGHAI ACADEMY OF SOCIAL SCIENCES PRESS

图书在版编目(CIP)数据

陶冶教养：从容自在做父母 / 张笠云著. -- 上海：上海社会科学院出版社, 2025. -- ISBN 978-7-5520-4563-5

Ⅰ.G78

中国国家版本馆 CIP 数据核字第 2024EV6763 号

陶冶教养：从容自在做父母

著　　者：张笠云
责任编辑：王　睿
封面设计：陈　昕
出版发行：上海社会科学院出版社
　　　　　上海顺昌路 622 号　邮编 200025
　　　　　电话总机 021-63315947　销售热线 021-53063735
　　　　　https://cbs.sass.org.cn　E-mail：sassp@sassp.cn
排　　版：南京展望文化发展有限公司
印　　刷：浙江天地海印刷有限公司
开　　本：890 毫米×1240 毫米　1/32
印　　张：8.5
字　　数：163 千
版　　次：2025 年 1 月第 1 版　2025 年 1 月第 1 次印刷

ISBN 978-7-5520-4563-5/G·1362　　　　定价：58.00 元

版权所有　翻印必究

导言

　　起心动念写这本书，是因为看到华人社会这一代家长们拼教养的那股焦虑。养儿育女是为人父母无所逃避的生活日常，面对排山倒海的新知，面对孩子未知的未来，不少为人父母者，寻寻觅觅，汗流满面，期求做得出色。但奋力之余，却常常遭遇满满的困惑和挫折。假如您是其中的一位，我要严肃地说，困惑和挫折并不是因为努力不够，做得不好。相信我，这可不是安慰之词。假如您是抱着输人不输阵的心态在养孩子，我忍不住地想泼您冷水。因为，其心固然可佩，但老实说，结局如何，真可说是天知道。在教养孩子这件事上，有人成功，有人失败，并没有什么灵丹妙药。我的理解，**教养的本质是生命对生命。既是生命之间的对话，必然就有相互宽容、接纳、良善和体谅的成分，并不是倾己所能去付出、去努力就能得到预期的结果**。认识到这层意义，父母们不妨考虑打开这本书，大方地卸下不必要的自我苛求，并由此生出盼望，从容自在做父母。从容自在的父母，大概率养得出朝气蓬勃、活力四射的孩子。请允许我多做些说明。

二十多年前，借着参与起草人工生殖相关的规定，我与一群生物医学和医疗临床领域的专家同堂，得有机会一窥生命的奥秘。过程中有很多伦理议题的争辩，借着这些争辩，我扎扎实实地见识到，面对未知和不确定性时人类冒险的性格，也体会到人类以有限的已知，一步一脚印探究无限的未知的勇气。经过生物科学界的不懈努力，人们对于小生命的孕育，以及其资质天赋、样貌、体态之来自父母的基因，都有了一定的了解，也取得了研究的重大突破。通过进行人工生殖的干预，医学已经能够成功地回应人们渴望为父为母的需求，甚至对某种性别的偏好也可以进行人为的干预。然而，平心而论，人们至今对人类生命孕育的了解仍然十分有限，仍然不知未知之大之广。举个例子，**父亲和母亲基因各种可能的组合中，小生命取得的究竟是哪一种组合，为什么会是这种组合，其间的机制为何，仍然是人们未能掌握和理解的"随机"。**

导 言

看来，孩子的资质天赋、样貌和体态，虽然出自父母，却并不能由父母决定，也无法进行人为干预。父母没有决定权，孩子也没有发言权。由此，我们是不是应该以更加谦卑和敬畏的心态，来看待这个全新的生命呢？当面对生命无尽的未知奥秘，我们该如何思考小生命出世后的养育呢？可以理所当然地主张小生命的所有权吗？可以对小生命的资质天赋、样貌和体态指指点点吗？我的答案当然是否定的。我主张，养儿育女的历程，不妨定位为为人父为人母者与一位所爱的新人小生命共同生活的生命历程。面对全然陌生的新人，父母除了爱他之外，必然存有想要认识和了解他的心态，接纳和尊重他的决心，扬弃偏执和操控，认真以对他的主体性和独特性。

面对这位可爱的小家伙，父母们往往想当然地尽心竭力，希望他能够健康快乐成长，最好还能出人头地。而坊间丰富多元且不断更新的教养资讯，尤其脑科学和神经科学近些年不断更新的研究发现，确实满足了许多求知欲强的家长，满足了他们对科学教养的需求。这些资讯教导孩子如果这样，你可以怎么办，各种问题释疑，为不知何所是从的家长，提供了支持和解决问题的出路。总的来说，父母面对的这个时代的教养新知，可类比为指尖上的信息，手点几下，信息即排山倒海而来。

不可否认，在信息爆炸的今时今日，家长要搜寻、筛选、消化、判断育儿新知，解开自己养儿育女过程中的疑问并化成自己行动的参照，这过程本身就可能产生一定的焦虑：我会不会漏掉重要信息？误解了专家的建议？搞错了孩子的状况？当我开始广泛阅读时，坦白说，我也被众说纷纭的各类教养信息打败，这些零碎化、片段化，以条列方式提供各有立论基础的必做和别做，好难消化，好难记住。猜想家长们，也大概率像我一样，只好退而求其次，选择自己要看的，提取那些比较可能做到的建议。

市面上得到大量追捧的教子有方的书籍，我也跟风收集阅读了一些。老实说，阅读中佩服之余，脑中浮起的不是羡慕，而是一连串的问号。在我看来，书中许多成功案例之所

导 言

以成功的时空社会条件,不是人人都可以拥有和复刻的。我认为,分享成功案例的最大陷阱是,无论把孩子养育得多么成功,再怎么有经验,成功者的经验值最多也就是个位数。类似这种教子秘笈的展示和吹捧,反而让我生出担心,处在不同时空和社会条件中的家长和孩子,如果全盘吸收这些经验,会不会反而生出额外的痛苦:为什么跟着这些教子教女的成功秘笈来学习,在我的孩子身上却并没看到预期的效果呢?我的结论是,**成功经验分享的适用性必须存疑,通用推论更需要谨慎**。

我也试着去收集广为大众推荐且自成体系的课程内容,但是同样发现,一些独特的见解、视角和道理,却往往会在某些特定的社会或情境中碰壁,甚至弄巧成拙。更让我失望的是,许多课程对诸多主题间的位阶次序,缺少清晰的思考,存有矛盾冲突的可能性。我的心得是,**越是具体实务的教导,越容易掉入顾此失彼、无法兼顾的窘境**。

这么说来,难道他山之石不能攻错,不能借鉴?当然不是的。问题不出在这些教养指引和道理,而是教养的本质与

005

这些教养指引和道理之间何以无缝对接的问题。怎么说呢？**教养，针对的是孩子的自我，是对孩子的自我说话，是父母的生命与孩子的生命，面对面、直接而且密集的碰撞。**养儿育女的独有性和偶发性，使得亲职教养这个课题，难以用一刀切的方式，列出一个公式，开出一体适用的处方，教导父母应该如何。类似刚性的教养守则，不必然没用，但往往也成为家长们的枷锁甚至挫折的源头。想一想，每位父母都各有他独特的成长经历、条件和独一无二的自我，孩子亦同样有他独有的一份，他的自我也处在形成的进行式中。**独一无二的父和母面对独一无二的孩子，处在他们特定的时空情境和条件下，这是亲职的本质，也是亲职教导在某种意义上需要贴身、手把手，有针对性地咨商教导才能切中家长和孩子特定需求的根本原因。**不得不承认，当亲子之间出现问题时，亲职咨商是个高成本的复健工程。

而教养知识的吊诡之处又在于，当教养出现问题时，的确需要具体务实，有针对性的教导才能回应家长当下的需求。然而，这些具体务实，有针对性的教导，当面对变化多端的

导　言

教养需求时，又容易落入顾此失彼，无法兼顾情境的困境。换言之，立即可用的必做和别做，也未必能方便地适用各家状况，弄不好会让家长有碰壁之感。也就是说，虽然**原则性的框架**多被视为空洞，无助于解决实际问题，但越具体，越有针对性的必做和别做，又往往会有僵化成为条条框框的危险，越有可能弄巧成拙。

请不要误以为我轻看了他人的经验谈和临床实务知识。我要表达的是，这些洞察和视角，之所以不能视为一以贯之、一体适用的教养命题和公式，传于众人，其原因和教养的独有性和偶发性本质有关。我们必须将这些洞察和视角引申出来的指引和教导放在一个足够宽广的情境中检验和修正，必须清楚、精准地标示这些洞察和视角引申出来的指引和教导的适用范围、适用条件和偶发性。否则，这些洞察和视角就很容易成为固化的教条，成为许多家长和孩子挫折的来源。

那要如何看待这些教养洞察和视角推导出来的教导守则呢？我想到美国历史学家和哲学家库恩（Thomas Kuhn,

1922—1996）在《科学革命的结构》（*The Structure of Scientific Revolutions*）一书中的论点，这一论点彻底纠正了后人对科学发展的理解。从科学发展史来看，科学的理论并不是通过命题或公式来传达的，命题和公式只是一个起点，一种方法，协助串起来很多各式各样的例子。而一个一个例子的应用，或体现、或修正这些命题和公式，据以淬炼抽取建立新的科学范型。同样的道理，因应于现实生活的各种具体教养实例和相关研究，由之归纳而得的指引，总归需要与较高层次的原则性框架对话，交互检验。

我认为，当代父母需要的，不是一个个经典成功范例，不是一连串的必做和别做清单，不是一本教养圣经，更不是根据某一新知而出的指引。我鼓励父母避免单单停留在指引层次。**现代父母缺的是一个清晰的框架，一个可以帮助其在众说纷纭的道理和指引中判断和分辨，并找出适合自己状况的处方的工具箱。**看到这个缺口，我决定用我多年积累的社会科学训练，洞察亲职的本质，同理诸多家长所面对的教养困境，勾勒出一个陶冶教养的框架。

导 言

  这本书邀请家长们认同这个教养框架所设定的目标，即**将教养的标的清楚地放在孩子的自我发展上，以自己的生命成全孩子自我的展开，让他有机会生成有动力、有方向、有韧性的性情**。陶冶教养的框架鼓励家长在具体的家庭氛围内，在具体的夫妻关系和语境文化中，按照孩子成长的节奏，有秩有序地培养孩子爱的能力、自律能力和自主能力。在这样一个宽广的框架下，父母学着跳脱指引，跳脱必做和别做清单，学着因应自己的条件和孩子的特质，和孩子共学，共同成长，从而在家庭中生成活泼新鲜的教养力。我认为，教养子女，是充满智慧的选择的过程，也充满冒险的刺激，这个过程，有眼泪，有欢笑，始终活泼新鲜，又常常惊心动魄。有经验的育苗专家，都懂得小心翼翼地呵护母树，因为他们知道，从健康的母树而出的子树，更有机会存活，也更有机会长成健康的大树。我期待**这本书能够被有心成为健康母树的父母看见，与他们形成良好的对话**。

  这本书列举了许多反面案例，对于具体如何做，着墨或许不如您所预期的那么多。别误会，这么做是有目的的。我

期待留给父母宽广自由的空间，发挥创意，举重若轻，把握住教养的大方向，找到自己独门专属的做法。这或许也是为人父母的乐趣之一。

从学理和生活经验来看，我意识到，**教养最大的挑战不是理性和知识，而是教养惯习**。许多人都经历过空有各类教养知识，行出来却不是那么一回事的挫败。之所以知易行难，是因为教养的关键词不是理性和知识，教养的关键词是惯性（inertia）。而教养上的习惯性做法和反应，其实是一些习而不察、不假思索就条件反射式行出来的养儿育女方式。

最近五十多年社会科学的研究已经指出，人们的教养惯习，不是凭空而来，而是来自原生家庭小环境的代际复制以及社会文化大环境的风潮带动。经常听到许多人回想成长经历时，对曾经受到的教养方式不以为然。不少人认为自己从小生活在别人的眼光之下，活在别人的期盼之中，承受着经常被别人打分数的压力。也有不少人自问明明对爸爸妈妈有爱，心中却又掺杂了各种情绪，不敢靠近爸爸妈妈。不少人

导　言

回想自己的童年经历时有着难以言说的悲伤和无助，更在成年后不时浮现自责的愤怒和逃避。也有更多人在等到自己养孩子时，虽然不想重蹈覆辙，让孩子承受同样痛苦，却蓦然发现对待孩子的方式，充满了爸爸妈妈的影子。类似这样的分享，其普遍的程度常常超过我的预期。

家风和教养的代际复制的确是个不争的事实，我全然理解许多人在回想成长经历时，浮出脑海的多是负面的伤痛。但我要特别提醒所有想挣脱教养的代际复制的家长，**不要将重点放在究责上。孩子已经出生，他不会等到爸爸妈妈究责告一段落再成长。**丹麦哲学家 Soren Kierkegaard 曾说："生命只能通过回头反顾来理解，但生活必须向前看"，我很同意。追本溯源之所以必要，其目的在于帮助洞察、领悟和分辨许多习而不察的教养做法的源头，从自身的成长经验中，分解出哪些是行不通的，是无益于身心发展的，并意识到不要再复制在自己孩子身上。

如何破解固有的教养惯习呢？要知道改变和调整既有的教养惯习，建立新的教养惯习，并不是小工程，更不是一蹴而就能够实现的。有道是"要改变,很辛苦,不改变,等吃苦"。大家都听过"江山易改,本性难移",习惯的养成和改正都绝非一朝一夕之功。没有决心踏出改变的一步,一定零效果;而无法持久努力,往往也会枉费功夫,前功尽弃。

对此,我想分享两个自己在这方面的秘诀。一是我完全不吝于给自己掌声。当我能做到百分之五,就大大欣赏自己,开心地鼓励自己从百分之五开始往前行,一点点往上加,终有做到百分之百的一日。二是我极力奉行失败乃成功之母的原则。跌倒固然有情绪,但我总告诉自己跌倒不丢脸,也不意外,爬起来再试,谁怕谁?人生如此,教养惯习的调整更是如此。我想再强调一次,教养的关键词不在于理性和知识,而在于打破无益且行不通的教养惯习所需要的察觉,去突破的勇气,以及在这一过程中行动和执行的意志力。通过重复地换挡、刹车、再启动,不断练习,必有建立健康的教养惯习的一日。简单来说,手脑并用,是突破代际复制的关键。

别忘了,教养这事,配偶和孩子是当然的同行者。我常说,人在成年之后仍有两个自我成长的契机,第一个发生在

导言

结婚之始，第二个出现在孩子出生之时。结婚成为人夫人妻，来自不同原生家庭的两个人天天共处一个屋檐下，有如彼此的镜子，照出或不自觉的本相。婚后的磨合与调适，促成自我的成长，顽固地坚守既有的认知和原则，往往成为婚姻杀手。而当孩子出生后，**初为人父人母的爸爸和妈妈，天天共同面对为你们所生，但不属你们，也未必像你们的新生儿**，你们必须在有限的时间、精力和资源条件下，善用亲子共学的机会，共同开发专属于你们的相处方式。这个新生儿日日生长茁壮，转眼会长成大人，为人父母的也必须同步随着孩子的成长变化而调整。同样的，**父母固守自己的看法和做法，往往成为亲子关系的杀手。**

许多朋友得知我近两年笔耕的主题是亲职时，都大为吃惊。有些甚至直言："你没养过小孩，怎有资格谈亲职？"我当然大笑反击："你需要从树上摔下来，才知道摔下来会痛吗？"坦白说，这本书并不在我的生涯规划范围之内，"亲职"主题也的确非我的学术研究专长。当年在美国念博士班时，

陶冶教养：从容自在做父母

曾经略微涉猎亲职课题，终究因为当年的兴趣所驱，舍弃以此作为博士论文的题目。但毕业后因缘际会，与心理学、教育学、社会工作、精神医学、医学、公共卫生领域的同仁多有相关议题的往来切磋，因此当我意识到成书的重要性，开始动笔之际，过去四十多年的学术研究经历，冥冥中好像为这本书的理论思考和架构做了许多准备。当然过去的知识和经验并不足以支撑起全书的内容，查阅每个课题的相关研究文献，成了其间不可少的工作。坦白来说，定时阅读与亲职未必相关的书籍，以及和朋友、学生日常的谈话，也都带给我很多灵感。写作过程烧脑自不待言，但我满心感谢并享受那种随手拈来、如有神助的创作过程，其间的乐趣和满足，以物超所值来比喻，或不恰当，却的确是我的真实感受。

期待本书提出的陶冶教养框架，能够带给为父为母者一些启发。不要再跟风苛求自己，要求孩子，教养本应是美好的良性循环。当聚焦孩子成长的基本面，在每天的生活中，行出良好的教养惯习，父母们就会拥有一份内在的从容自在。从容自在的父母，大概率养得出朝气蓬勃的孩子。

目录

导言 _001

第一篇　陶冶教养的理念与架构

第一章　教养的战略与战术 _003

第二篇　聚焦成长基本盘，培养核心能力

第二章　建立爱的能力：亲子情感连结 _019

第三章　自律能力：习惯成型，生活轻松 _047

第四章　自律能力：情绪的流露与管理 _071

第五章　自律能力：行为举止的管与教 _095

第六章　自主能力：活泼完整的自我 _111

第七章　自主能力：探索的机会与空间 _131

第三篇　成长的良田沃土：家

第八章　家的次序与界线 _149

第九章　言语：家庭活力的主成分 _171

第四篇　教养的硬道理

第十章　有关教养的理论文献以及案例 _193

概念集 _227

参考资料 _233

编后记 _239

第一篇

陶冶教养的理念与架构

我深信
有从容自在的父母
才有朝气蓬勃的孩子

第一章

教养的战略与战术

聚焦成长基本盘,及早从小事培养孩子的核心能力

- ◆ 欣赏成长有时，发展有序
- ◆ 聚焦成长的基本盘
  - 培养爱的能力
  - 培养自律能力
  - 培养自主能力
- ◆ 在家庭氛围中陶冶熏陶
- ◆ 掌握童年关键时机
- ◆ 妙用负面表列：留白的挥洒空间
- ◆ 本书的结构

第一章 教养的战略与战术

养出好孩子，是天下父母的渴望。说白了，辛苦将孩子拉扯长大，也就是期盼他能够上进、有出息，和父母保有温暖舒坦的关系，不让父母担惊受怕，不搞情感失联，不把父母当成提款机，不当父母的太上皇。本书提出的教养框架，我将之命名为陶冶教养。陶冶教养框架，策略性地将教养的火力集中在家的经营、孩子的成长节奏以及人生必备的核心能力三大主题上，倡导在家的平台，树立夫妻的价值观和信念，通过彼此和孩子的互动，形成一种家风，将孩子陶冶出某种性情。

陶冶教养框架，需要父母从容自在的定力。教养的目标在于"孩子的自我"，爸爸妈妈懂得将自己的价值观和信念，在日常生活的点点滴滴中，通过口语的和非口语的方式对"孩子的自我"发出信号，邀请他回应，帮助他理解整理。**这样，在父母面前，孩子生活得快乐，同时也战兢恐惧，对父母有爱有敬畏。**

陶冶教养框架所提出的建议，全都围绕**家长和孩子在日常生活中会一起经历的家的活动**。这个过程，需要家长有意识地注意和引导，免不了得费点力。但是因为是家的活动，是与你所爱的配偶和孩子共同学习，做得稍有不妥，改就是了，没什么大不了，整个历程可以轻松自在。如果这次做得不妥，还可以一起想个新点子，玩玩脑筋急转弯，下次遇到类似状况时再试试，一起看看效果。陶冶教养框架期待孩子

每天的日子，都能够在家的日常生活中，充满动力、方向和韧性。**不是每天生活在焦虑中，想象孩子未来成长为什么样的人，而是立足当下，让孩子顺着自己的天性，自在成长。**

陶冶教养框架所提出的建议，鼓励父母审视日常生活时间的投放、分配和管理。没错，是时间，不是金钱或实物。当代社会的生活形态，父母最缺的就是时间，但偏偏养儿育女最需要的就是时间。孩子的成长路，需要爸爸和妈妈投注时间：静下心来反思需要时间，了解自己需要时间，认识孩子需要时间，从习以为常的生活方式中，敏锐于一些不易察觉的教养暗雷，更需要时间。然而，有许多工作生活琐事与养儿育女的各种指引，同时在竞争父母的时间。大家不是不知道，金钱难以替代亲情，金钱更无法买到健康，使体魄、自我、心理和情绪同步健康发展。寸金难买寸光阴，寸金难以叫孩子的成长暂停，遗憾的是，真有许多父母不自觉地用金钱实物或者他人，取代了亲身的投入。

考虑到父母的时间精力有限，陶冶教养框架很务实地将教养的重心放在成长必备的核心能力上。职场上表现出色的人士，多具备一种判断事情缓急轻重的能力，养孩子其实也可以借鉴于此，根据自己对孩子的期望以及注重的应有品格，安排教养工作的优次，在紧迫有限的时间精力下，将气力和资源，投注在孩子最优先核心能力的养成上。核心能力之所以核心，是因为能力一旦养成而内化成为习惯，便足以启动一连串的连锁反应，创造养成其他习惯的条件。之所以说是能力，意味着其不是天生就有的天赋资质，而是可以透过反复学习和持续锻炼习得。通过不断深化学习形成习惯，因熟练而能举一反三，在关键时刻，不费心力，反射式地做出得体的应对，这就是我所谓"核心能力"的培养效果。养成核心能力，犹如武林人练剑，剑法深入内心，人剑一体，出神入化。至于孩子念哪个专业领域，进入哪一行，何时成家生子，容让具有独立自主、整全活泼、进退有据性情的孩子来自己负责。如此分际的拿捏，家长也才能投注更多的气力聚焦成长基本盘，才能从容自在，好好地与孩子过日子。

我将陶冶教养框架用下图表现出来。如图所示，陶冶教养的主轴是以夫妻轴为中心的家庭教养动能，是教养发生的基地，父母的作为决定孩子的未来，而纵轴是孩子心智和生理的成熟度。核心能力的养成都以家为基地，随着孩子的年

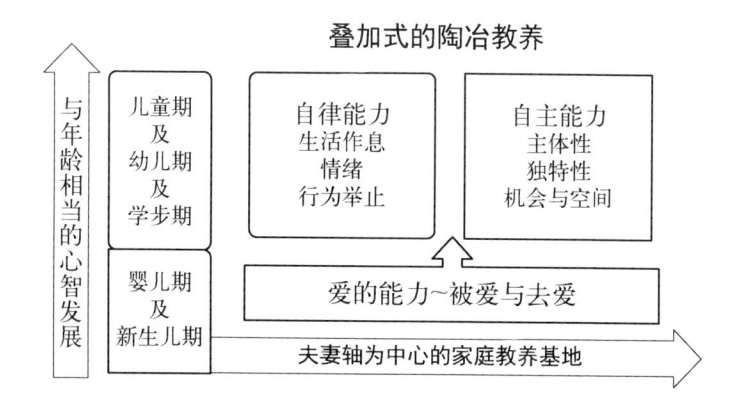

叠加式的陶冶教养

与年龄相当的心智发展	儿童期及幼儿期及学步期	自律能力 生活作息 情绪 行为举止	自主能力 主体性 独特性 机会与空间
	婴儿期及新生儿期	爱的能力~被爱与去爱	
		夫妻轴为中心的家庭教养基地	

龄增加，逐步叠加铺垫养成孩子关键的核心能力，即爱的能力，自律能力，自主能力。所谓登高自卑，行远自迩，"陶冶"则意味着逐月经年累积，从小事和亲近性着手。

欣赏成长有时，发展有序

人生初期的各个阶段，无论是新生儿期、婴儿期、学步期、幼儿期，还是儿童期，心智发展各有不同的重点，成熟度和学习能力也都有不同。在公园里见到一位爸爸，鼓励在滑梯上不到两岁的小男孩坐着滑下去，妈妈在下面等着。小男孩犹豫了一会儿，还是决定翻过身，趴着滑。爸爸妈妈看到孩子到了地面，问他："好玩吗？要不要再来一次？"很开心他们并没有说："坐着滑很简单呀，怎么这么胆小没用。"他们也没有把孩子继续弄上去，坚持要孩子"成功地"坐着滑下去为止。相信这是一对欣赏成长有时、发展有序的夫妻，他们愿意等待孩子成熟时机的到来。

相对的，我见过一位中年得子的男士，手拿着英文读卡，对着三个多月大的儿子夸张地说着："宝宝，看这边，这是cat，C—A—T，猫猫。"看到这位卖力逗子的老爸，我不禁莞尔失笑。真难为他了，才三个多月大，是不是太早了？

学理上，受教于俄国的犹太裔心理学者维果茨基博士

(Lev Vygotsky，1896—1934)对幼儿能力区块有个独特的分类，带有强烈的成长有时、发展有序的叠加意涵。他认为，幼儿的能力区块可以细分为**实际发展水平与近侧发展区**两部分。实际发展水平是幼儿能够独立完成的能力水平，或者说幼儿成熟到已经掌握并能够独自完成相应的技能和任务的水平。近侧发展区则是幼儿尚未完全掌握的技能和概念，是在与他人合作或得到他人的帮助能够达到的能力水平。幼儿简单、基本的动作和行为，受生长时序的影响较大；年龄稍长，对于那些较复杂、特殊的动作和行为，学习就变得很重要了。

幼儿发展是个叠加过程，后期的发展需要稳固地建立在前期的发展基础上，按部就班，呈现层层叠加的效果。父母们需意识到，每一成长阶段，都有其与年龄相当的发展成熟度，每个孩子也有各自的实际发展水平和近侧发展区。父母的任务，是从小开始，从小事开始，从孩子的角度出发去叠加教养。**小事自有其亲近性**，孩子的成长发展切忌揠苗助长，因此我会强调，陶冶教养框架必须得加个形容词，那便是"叠加式"的陶冶教养。

聚焦成长的基本盘

核心能力是孩子日常生活的工具箱，一旦能够驾轻就熟地灵活运用，应对中就会自然流露出性情。陶冶教养框架建议养成爱的能力、自律能力和自主能力。这三种能力如同盖房子时，在地基上安放具有定位和定向功能的房角石，于是地基上可以竖起梁柱，让孩子能够自在地堆砌他个人的砖和泥。

培养爱的能力

有定位、定向功能的第一块房角石是培养孩子爱的能力。在爱孩子的前提下，有意识地在日常生活中充实孩子爱的能力，让他在与父母有着温暖安全的情感连结的基础上，有能力去爱，懂得分享他的兴趣、关怀、知识，以及包括喜悦和忧愁烦恼在内的各样情绪。拥有爱的能力的孩子，乐意伸出友谊的手，回应他人的需要，为他人分忧解劳；懂得克制自己的欲望需求，尊重他人，能够聆听而且明白他人的心声。

培养自律能力

第二块房角石是为孩子铺设成长的自律轨道。自律能力指的是具有内化的是非对错观，能够自我管理，愿意约束自己延缓一时的满足；遇到该做但不喜欢的事，仍能克制自己的情绪和偏好，坚持不放弃。自律能力是孩子走向成熟与独立的核心能力之一，拥有良好自律能力的孩子至少能够从生活作息、情绪流露、行为举止三个方面进行良好的自我管理。

培养自主能力

第三块房角石是不浇灭孩子为自己打拼努力的动力，即他的自主能力。自主能力指的是懂得且有能力主导定位自己的人生意义、方向和目标。有自主能力的人肯摸索，能专注，抗逆不脆弱，勇于面对困难。人的成长，有许多未知和不确定，在没法完全掌握的情况下，父母要做的就是尊重孩子的主体，接纳他的独特，给予孩子自主发展的机会与空间。父母主动迈出冒险的第一步，信任孩子，让孩子在被信任的氛围中成长，不让孩子错过成长为坚强、能干、独立的个体的机会与挑战。让他走出家门迈出冒险的第一步，才能在历练中不断培养出自主能力，为自己的生命打拼。

总的来说，叠加式的陶冶教养框架建议家长为孩子留下足够挥洒的空间，让他有机会在每天的生活中，学习这三个有定位作用的教养房角石，逐渐养成习惯，形成核心能力，从而从小就能够在日常生活中享受不逾矩的自由，在搭好的规矩轨道上，进退有据。

在家庭氛围中陶冶熏陶

教养是父母在家庭的平台上进行的活动，由家长主导，并且是为人父母者不可回避的责任。把教养定性为陶冶，是因为孩子身上流露出的性情，往往可以看到他原生家庭的家风，包括家庭运作惯习，语境口舌文化，行事为人，家庭成员间的情感连结，等等。生机盎然的家庭氛围，会让家呈现相爱相安的状态，少有相争相斗，家就会让每位家庭成员心有所属，在相互认同中得以安身立命。孩子生活在这样的家庭环境中，日复一日潜移默化受到熏陶教养，是祝福，更是幸福。

掌握童年关键时机

在我看来，成长可以定性为交杂着尝新和压力的发现之旅。成长包含着一连串不得了的发现，有些新鲜事让人兴高采烈，有些则让人焦虑难解。孩子就算几个月大，也已经对外界充满好奇，什么都新鲜、什么都想尝试。尝新之余，压力是必有的元素。压力来自对自我的认识、摸索和选择，来自面对新环境和新事物的陌生感，以及自我感知与他人期待之间所需的调和。面对压力，有时会力不从心，有时会不自在和胆怯、尴尬和局促不安，有时甚至因犯错而懊恼。父母要放心，**压力未必会压坏孩子，大多数时候反而是好事**。面对孩子成长的压力，父母的反应是关键，不同的反应会在孩子身上刻画下印记。就此，我不得不再次强调，养儿育女的一大挑战就是时间的投注，最容易忽视的也是给予孩子的时间。陶冶教养将焦点放在童年，因为童年是人生起跑和打底的关键时机。

根据哈佛大学心理学教授埃里克森博士（Eric Erikson，1902—1994）的理论，孩子自我意识形成后，三岁左右进入幼儿期，基本语言能力已成熟，活动力、主动性均大增。以大脑的成熟为标准，从出生到七岁，90％—95％的智力发展即定型。俗语说，三岁定终身，说的就是此意。故而我们缩小范围，将焦点放在十岁以前，关注这十年孩子的成长发展。

十岁之前是父母具有决定性影响力的时期，也是孩子最为软弱无助的阶段。是父母和生命中的重要他人，为孩子提供生活起居的照顾和保护，为孩子营造滋养其成长的家庭氛围，并不断观察引导孩子。随着孩子日渐长大、成熟，父母主导孩子发展的比重也逐渐减少，会慢慢过渡到让孩子自我管理和承担责任的阶段。由父母主导到亲子共商再到放手的过程，父母能主导的时间并不长，可以说是错失了就回不来的人生阶段。

妙用负面表列：留白的挥洒空间

有别于坊间大部分的亲子教养书籍，这本书为读者提供一个简要的框架。每章节的内容，设定在帮助家长检视日常生活中许多习而不察的教养惯习，分辨哪些是行不通的，哪些是无益于孩子和父母双方身心健康的。家长得以踩在前人的肩膀上，避免重蹈覆辙，避开无谓的育儿陷阱。

无益于亲子关系、有害于孩子成长的教养惯习，我称之为"别做清单"，或曰"教养暗雷"。教养暗雷通常隐藏得不易为人察觉，有时伪装成出自好心好意，出自帮忙协助；有时早已融入日常的思考和行动，渗透在每天的生活里，成了一种条件反射式的做法，一点一滴腐蚀着亲子教养的方方面面。

读者应该很快就会发现，本书所举的案例多为负面和具有毒性的。之所以侧重负面案例，是考虑到良好、无毒、健康的做法，各人自有独门巧妙的招数，很难尽数。相对而言，需要父母刻意去察觉反思，尽力去避免的"别做清单"，却并非多如牛毛。众多研究文献已经指出，不良和具有伤害性的教养方式，来来去去都是那几类，因此我认为负面表列自有其积极的提醒和警诫作用。我鼓励做父母的，在忙碌的生活中分出时间，直视这些以惯性姿态出现的教养暗雷，并努力清除暗雷。避开这些"别做清单"，留给家长的是一个更大的空间，可以依照自己的条件，孩子的性情，以及不同的时空环境，亲子之间共同营造独有、私房的教养智慧。

本书的结构

我将余下的三个部分做了如下安排：第二篇的重点是核心能力的养成，通俗的说法是性情的养成。这一篇有六章，涵盖了六个主题，是我建议家长培养孩子核心能力的具体内容。第三篇的重点在于教养发生的平台——家。由家内的次序和界线以及家人讲话的内容和方式，彰显家庭教养的动能，通俗的说法是家风的养成。第四篇提炼教养的硬道理。探索人类成长奥秘的研究成果汗牛充栋，我想用最简洁的方式将这些研究对教养的意义分享出来，这些道理也许读起来略微晦涩，但确是本书立论的重要根基。

坦率地说，本书所分享的多为教孩子的素朴常识（common sense），没什么大不了的，也不是什么神奇大力补丸。这些寻常智慧，旨在卸下为父为母的重担，提醒疲于奔命的家长们，停一停，静一静，想想在变化多端的社会潮流中，让人感到幸福安稳的元素究竟是什么？二十世纪初，美国斯坦福大学教授特曼博士（Lewis Terman，1877—1956）相信智力（IQ）是天生的，且最能预测个人人生能否成功，能否幸福快乐，因此他开启了一个名为"天才们的遗传"的研究计划。出人意料的是，他很快就发现智力和成就之间并没有一对一的关系。于是我们不免追问，又是什么因素让人活得长，活得精彩，觉得人生没有遗憾？后续的研究分析告诉我们，并不是天生的智力、后天的成就能够使人长寿，有个精彩、满足、喜乐的人生；使人满足、喜乐甚至长寿的关键，在于活得有动力、有方向和有韧性。好消息是，有动力、有方向、有韧性不是天生的，可以从小培养，可以由父母有意识、有耐心地引导并相伴同行而养成，这正是本书第二篇和第三篇的重点。孩子的动力、方向和韧性，一旦成为习惯和性情的一部分，他的自动自发便不再是梦，在他的人生旅途中，便可以有足够的核心能力去挺过逆境压力，走出低谷挫折。这样的孩子，无论走到哪里，父母都可以长久安心。

百多年前特曼教授曾经提出的 IQ 大梦，给作为爸妈的你有些什么启示呢？

第二篇

聚焦成长基本盘，培养核心能力

培养孩子爱的能力，自律能力，自主能力

在每天的生活中

行出与人生理念兼容对齐的教养惯习

第二章

建立爱的能力：亲子情感连结

学习爱，就像学习其他技艺，需要练习和专注，洞察力和理解

家长不仅要爱孩子，更要教他爱你和爱他人

- ◆ 温暖的情感连结威力十足
- ◆ 用时间、行动和言语呼唤孩子的爱
  - 用时间的优次调整去平衡"失重的爱"
  - 爱的施受源于整全和归正
- ◆ 爱中没有矫情
  - 不求回报未必呼唤得出感恩珍惜
  - 警觉道德绑架
  - 大方接受孩子的心意
- ◆ 爱里没有掺杂
  - 切断爱与掌控之间的无谓纠结
  - 切断爱的表达与表现/成果之间的关联
- ◆ 爱里没有自我苛求
  - 或有不足、或有软弱的普通人
  - 有感觉、有心思的血肉之躯
  - 不完美是美
  - 让孩子全方位地认识父母
- ◆ 恰如其分做父母

温暖的情感连结威力十足

在网上看到一个视频,话题围绕着退休后养儿防老期待的幻灭。在这样的情势下,谈及如何保住自己不至沦落到无处可住、无钱可用,于是与儿子/女儿、媳妇/女婿以及亲家们斗智斗勇。这一话题里我看到的,除了钱,还是钱:存款、退休金、房子……2021年有些香港人移民,最触动我的,不是机场里的依依惜别,而是一些感叹:"全家都移民走了,只留下我一个人在香港","原来全家不包括我,连商量都没有,只是通知我班机何时起飞"。这位"我"是谁呢?是曾与他们同住多年的爸爸和妈妈。现实生活中我就认识一位成就非凡的旅美女科学家,丈夫是一位大学教授,二人养出四位极为优秀的儿女,各自在美国生物医学界卓然有成。近退休年纪,夫妻二人回到故土,提携后进。二十多年过去,两人都老迈,想回美国,一方面那里是家之所在,另一方面万一有个什么事,和儿女比较近。没想到儿女的回应是:"你们不要回来,我们工作太忙,没法照顾你们。一时也不能去探望你们。你们要好好照顾好自己,We love you。"听上去不免伤感和疑惑:子女和父母之间怎么弄得如此亲情荡然无存?但令我大为意外的是,当我分享这些案例时,年轻人都不觉得有什么不妥。他们往往回应:不都是这样吗?每个人有自己的负担和难处，没有能力承担别人的担子，就算是父母，也只能如此了。

孝，在华人社会多少含有工具的意味。今时今日，养儿防老却似乎是个有些过时落伍的想法，大家似乎以对儿女没有什么期待为荣。然而，当长大了的儿女平日像断了线的风筝飞得无影无踪，需要向父母伸手时才联络，遇到老人家有需要时，子女却没有什么表示，不伸出援手。面对这种情况，要靠自己想透想开，不难过伤心，实在是有些不容易。我不免感慨，当亲子之间缺了相互扶持的爱的连结，不就成为没有关系的两造了吗？盐失了味，还有存在的意义吗？

爱是什么？说实在的，很难用言语精准地表达。爱是对个体或集体用行动彰显而出的情感投入，是对个体或集体的关怀、支持、信任、尊重和理解，本质上表达的是一种情感和情感状态。这么说，还是颇为抽象，容我引用两千年前基督徒保罗所写的"爱的诗篇"，用我的语言加以诠释：

爱是在相处时遇到困难和挑战，能保持耐心，以坚韧的态度，不轻言放弃；

爱是乐意关怀和宽恕对方；

爱是为对方着想，关注对方的需要和利益，而不是以自我为中心的施与和强迫；

爱是能克服害羞，勇敢地表达情感和关怀，为对方提供

第二章 建立爱的能力：亲子情感连结

所需的支持和帮助；

爱是能够控制情绪，平和对待对方，不轻易发怒；

爱是以宽容的态度对待对方，不会记恨对方的错失；

爱是能够由衷地为对方的成功、福祉或丰厚财富感到高兴；

爱表现出的是谦逊，而不是自我吹嘘、自大或傲慢；

爱是追求正直和公正，寻求正义和真理，对虚假零容忍。

保罗的"爱的诗篇"为我们对爱的本质提供了深刻的思考，其中有两个很有意思的视角。首先，爱所关注的是对方的需要和福祉，能为对方想，提供对方需要的支持和帮助，爱不是自我中心的施为，不会让对方害怕。其次，爱也是教导爱人之道，它包含付出、表达、节制、宽容、同理心和追求真理等元素。20世纪心理分析学家弗洛姆（Erich Fromm，1900—1980）的经典作品 *The Art of Loving*（中译为《爱的艺术》）中对爱的看法，相当程度也呼应了保罗的"爱的诗篇"。

我十分认同保罗和弗洛姆的看法，故而不想将亲子之间情感连结这个话题，单纯停留在父母应如何爱孩子这种层次的讨论。我认为**有关亲子之间情感连结的讨论，可以在两个方面起到积极的作用**。一方面，我们要认识到，亲子之间情感连结的特殊之处在于，**亲子之间的依恋是不对称的**。父母爱孩子，与生俱来。相对而言，孩子和双亲之间虽然有血缘关系，却并不必然让孩子对爸爸妈妈产生情感连结，并不必然让孩子对爸爸妈妈生出依恋之情，也并不必然维持紧密的连结。简单地说，孩子对爸爸妈妈的情感依恋，对周遭他人的同理关怀，是由爸爸妈妈的种种作为呼唤出来的。父母爱的作为，呼唤出的应是孩子对父母的爱，父母对孩子的爱不应附加辖制和压抑，也不应让孩子因父母爱的方式而心生反感和恐惧不安。

另一方面，父母对子女的爱，宝贵之处在于，通过照顾、供应、亲密的情感连结等一系列具体的爱的表达，孩子不仅能接收到并饱尝父母真实的爱，同时也因着被爱，能够体会到父母爱中所蕴藏的付出、表达、节制、宽容、同理心和对真理的追求，子女们也在这一过程中学到如何回应父母的爱，进而有能力去爱人。**在被爱与去爱中建立去爱的能力，有能力、有意愿去爱，且懂得去爱**。具体而言，拥有爱的能力，就是有能力理解自己和他人的情感，有能力关怀和表达情感，有能力接受、理解并回应他人的爱，有能力坚忍不放弃，将他人放在心上，看到别人的需要而乐意主动分忧解劳，有能力延缓和克制欲望需求，尊重他人。

爱的能力有助于建立和维护健康、亲密和具有支持性的关系。2023 年，哈佛大学的研究团队总结了始于 1938 年，持续了 80 多年的"哈佛成人发展研究计划"（Harvard Study of Adult Development）的研究成果。他们发现，亲密、安全、温馨的人际关系，既保护身体，也保护脑。因此，要照顾自己的健康，不失智，活得快乐，就必须懂得爱人，耕耘自己的亲密关系，包括自己的家和朋友圈。而爱孩子，给孩子最有价值的礼物之一，就是帮助他在家的氛围中，在亲子日常的活动中，建立爱的能力。

对照前面对爱及爱的能力的理解，让我说说父母四种常见却不经意流露出的爱的底色，我将之分别命名为失重的爱、矫情的爱、掺杂的爱和苛求的爱。尽量避开这些偏执的爱，或许会收获更多温暖的情感连结。

用时间、行动和言语呼唤孩子的爱

不知您身边是否有这样尽责的父母，他们爱孩子，给孩子舍得花大钱，吃好穿暖，买各样的玩具书籍，再请家教、上补习班，让专业人士开发孩子的脑力，搞定孩子的学习。他们工作赚钱，认真尽责以满足家人们的需要，但是，他们却没有时间与家人孩子消磨时间，甚至没有时间在一起讲讲话。在家庭相聚的时刻经常不得不选择缺席，在孩子重要的时刻非迫不得已，一般都是不参与的。这样的生活次序安排，让我们不得不承认这类父母的爱的底色已然**失重**了。之所以称之为失重，是因为爱的实质内涵在这样的关系中已被掏空截短。导正失重的爱，在于做父母的要不时检视自己的生活区块，家庭、工作、个人爱好、交友，时间要如何投入编排。时间的优次最能彰显爱的分量，失重的爱，是做父母的在不自觉中用了其他的人事物取代了陪伴与回应孩子需要的时间。

用时间的优次调整去平衡"失重的爱"

一位年近半百的男士，向我诉说了让他极度羞愧，纠缠了三十多年的一段痛彻心扉的日子。他是家中长子，上有姐姐，下有弟弟，父母全心全意投入工作，关怀他们的服务对象。这位男士记得高中时的一个早上，在学校他摔断了腿，老师将他送到医院治疗，一直到晚上九点多，他的父母才出现在医院病房。让他极为错愕和失望的是，爸爸问清楚状况，说了一些话后，就准备离开，没有问他是否需要陪伴，甚至也没有要陪伴的意思，妈妈也没有出声。这让他感到自己又给忙碌不堪的爸爸妈妈找麻烦了，他们更不爱他了。他的父母双双离开，将他留给仍陪在旁的同学。当晚，两个十八九岁的男孩，血气情欲，做了人生第一次也是唯一的一次男男性接触。这件事让他觉得污秽、羞愧、懊恼，让他很受伤。这位男士很多年后依然记得当时自己的心理，他认为自己不仅不能给爸爸妈妈添光彩，反而让他们在众人面前丢了大脸，"他们若知道，绝对不会爱我了"。但当我听完这段倾

第二章　建立爱的能力：亲子情感连结

诉后，我认为事实上这完全是父母失重的爱造成的。在需要爸爸妈妈的安慰与照护时，父母不仅没有言语上的安慰，更没有行动上的支持与照顾，这样的表现，说对孩子有爱，那恐怕真是自欺欺人了。

两位对父母的时间分配很有感触的年轻人也一本正经地承认，知道爸爸妈妈是爱他们的；不过，又轻描淡写地加了一段修正，根据爸爸妈妈的时间分配以及事情安排的缓急先后，他们在爸爸妈妈心目中的分量，确定是排在最后一名。排在前面的都是与爸爸妈妈工作有关的人、事、物，那才是父母生命的重心所在。爸爸妈妈爱我们吗？这真是一个好问题。

一天 24 小时是所有人共同面对的限制，在一个领域花多些时间，其他方面一定会受到排挤。而孩子最需要父母陪伴和教导的时段，往往是父母在工作上需要冲刺投入最多的阶段。许多人在不经意间被工作牵着走，屈从于工作要求或职场上的责任心，致使家人孩子被挤到角落。不少家长也的确意识到孩子的成长一样是不能等的，于是最终陷入家和工作的两难平衡中。面对优先次序的两难，我认为解决时有两个大忌：一是用钱解决，而钱能解决的，都不是难事，这是人尽皆知的道理；二是摆出工作至上，所以孩子理应让位的神圣姿态。这两种做法实际上都是在给孩子挖坑。

我认为两难之间的选择是个价值问题，父母到底看重什么，工作呢？个人活动？还是孩子？我博士论文的指导教授十分出色，是当年约翰霍普金斯大学唯一的女性正教授。她出道的时间比一般人晚，后来得知是因为她和先生因着孩子的出生，无法兼顾学业和家庭，讨论之后，有三年时间，由她全职照顾孩子和处理家务，让先生专心完成学业。之后他先生工作之余照顾孩子处理家务，让她完成学业。很佩服她。人生许多事情未必需要纠结于一时，唯一例外不能等的，就是孩子的成长。争取孩子的理解和同意（别小看孩子的智力）、让孩子看到父母的努力和尽心（别让孩子感觉到总是牺牲自己）、善用零碎时间，等等，这些做法可以让孩子体会和感受到他在父母心中的位置和分量。取舍之间，实不容易，但有心，都可以在点点滴滴中勉力找出平衡点。毕竟这是人人都要走过的人生阶段，何况孩子的成长经验是不可逆的，没有重来的机会。

爱的施受源于整全和归正

亲职可以简略地分为生活照顾、情感支持、管教与督促三个区块，无论哪一个区块，都在竞争父母的时间。而这三者之中，最容易被忽略，也最花时间和需要讲究方法的，就是情感的经营以及管教与督促，最容易做到的是生活照顾，反而可以由他人代理。成年后许多人都曾表达过儿时这样的遗憾："爸妈是勤奋纯朴的普通人，忙着工作赚钱，希望给我最好的生活条件。但很遗憾，忙忙碌碌中，爸妈忽略了我

第二章 建立爱的能力：亲子情感连结

最需要的不只是物质需求，还包括情感需求。"

我认为，爱的施受需要有整全和归正的思路。整全指的是对孩子的爱，展现在生活照顾、情感支持、管教与督促三方面，不偏漏其中任一区块。脑科学研究发现，触觉、嗅觉、味觉、视觉、听觉等感觉，是新生儿认识周遭世界的奇妙通道。看似简单的拥抱、轻抚、对望、对话、游戏，不仅可以诱发婴儿对父母的情感，而且能够促进大脑生理和智能的发展，奠定婴儿大脑发展所需的能量。早在 20 世纪 50 年代，就有系列的研究表明，人活着不能单靠食物。美国心理学家哈利·哈洛博士（Harry F. Harlow，1905—1981）就曾开展了著名的"恒河猴实验"，其实验旨在探讨儿童与父母的依恋关系。哈利制作了两个"猴子妈妈"，一个用柔软的棉布包裹着，另一个却用铁丝网制成。在它们身上都安装着一个奶瓶，并由灯泡来提供热量。他选择了八只小猴子，由两个"妈妈"来喂养，他发现新生小猴一天 24 小时，几乎都待在柔软的棉布包裹的布妈妈身上，即便有的饿了去钢丝妈妈那里快快吃饱，也会再迅速回到布妈妈身边。食物看来没法召唤新生小猴对妈妈的依恋，能给它一定安全感的布妈妈相较更让它产生了依恋。

我们人也一样，亲子之间爱的连结和紧紧跟随，往往不是源于生活照顾和物质供应，研究发现，分出时间和精力，通过言语和行动持续地向孩子传达温暖的感情，往往最能得到孩子爱的反馈。因为这些行为会使他发展出对周遭世界的基本信任，相信自己是值得被爱的，相信他人是可靠的。而在拥有被保护的安全感，拥有温暖情感呼应的亲子关系基础上去施行管与教，孩子往往能够很快去理解和行动。

归正则是指，不以生活照顾（包括食物、玩具或其他物质的供应等）取代情感交流和管教督促的亲职作用。以食物为例，食物最为根本的功能就是提供成长和维生所需，食物之于孩子发育以及口腹满足的重要性，不言而喻。但是，父母的陪伴和支持，却不能用食物等来代替，当然更不能用食物去换取孩子听话、安静，用食物去操控孩子的情绪。玩具亦然。换言之，物质的供应不能作为对孩子行为奖惩的工具。总的来说，父母对孩子的爱，需要透过日常生活的整全和归正得到更好地传达，不偏颇扭曲，掏空爱的实质。

爱中没有矫情

孩子出生后，爸爸妈妈常常会不自觉地只求付出不思回报，因为他们是如此深爱着孩子，看重孩子的需求，希望能尽己所能地供应他，不亏待他，并为他提供各种机会。父母会在方方面面将孩子安排得体贴周全，努力支持他、督促他，做孩子坚强的后盾。许多父母会不断告诉孩子，管好自己就是对他们辛苦付出的最好回报，不用管父母是如何任劳任怨的。我认为，这是亲代向子代单向倾斜的做法，我称之为倾斜的爱。而在爱的功课里，倾斜的爱，往往难以呼唤出孩子对父母的爱，也达不到吸引孩子跟随贴近的效果。

不求回报未必呼唤得出感恩珍惜

其实，做父母掏心掏肺地供给孩子，难道真的不期待儿女明白父母的付出，进而珍惜、善待并存感恩之心吗？直白地说，这点期待可是人之常情，不用矫情地说不求回报。假使在父母日复一日的付出中，做子女的看在眼里，疼在心上，对父母的付出充满感激，那也算是圆满。但真实的情况往往是，倾斜的爱会纵容娇惯孩子，将父母当成理所当然的提款机，养成自我中心的骄傲习气。如若这样，相信父母的内心也一定不是滋味。谁会不失落呢？记得一位同事谈到他那送出国念大学的儿子，曾经悠悠地对我说："只有钱不够了，才联络。"那语气神态，让我完全感受不到做父亲的骄傲和开心。我没法说什么，只是想，如果亲子之间的连结，只剩下单方向的、实际的财物供应关系，那将是多么悲哀。

对孩子来讲，家的召唤力，若仅仅在于家里能满足他的需要，那么长久下来，他将习于宽以待己、吝以待父母，视父母的付出为理所当然，日益不在意父母的感受。换句话说，倾斜的爱等于给孩子挖了个让他成长为自我中心、自私自利之人的坑。以自我为中心是环境和身边重要他人纵容姑息的结果，由于环境和重要他人的容让，人被默许、认可、鼓励，可以无视他人的存在，不考虑他人的需要，以理所当然的心态，只顾自己的利益。以自我为中心的人，在社交圈往往不受欢迎，甚或在经营婚姻和家庭时，也总会遭遇困难。现在流行用"妈宝"一词来形容这些进入婚姻后的男男女女，仍习惯两手一摊，由他人来代理结婚之后的责任。我反对"妈宝"一词，这词有强烈污蔑母亲心血之嫌，但也不得不同意，很多的宝确实是爱儿心切的妈妈，加上宠溺有加的爸爸共同纵容养出来的。

父母在日常生活中，需要刻意营造条件，帮助孩子躲避以自我为中心的坑。做父母的，要留下空间，让孩子认知到作为家中的一分子，他有权利在这个家里有角色可扮演，有价值可贡献。最直接的做法，就是让他从小动手做家务，即或是小小孩，也别将他排除在外。和他一起做他力所能及的事情，比如吃饭时摆摆碗筷，把东西放好，清掉桌上的垃圾等。要知道孩子是能够做个小小帮手的，重点是不让他对家里的事务视而不见，不让他等着被别人服侍。另一个在国外比较常见，而华人社会较少见的方法是：分担家庭开支。在美国生活的大学同学，曾告诉我她在儿子会送报纸赚自己零用钱开始，就和他讨论家里电话费、水费和电费的账单，并与儿子商量，他愿意分担哪一个账单以及分担多少。等到儿子大学毕业后有了工作，她也让儿子选择自己在外租房子或者住在家里并分担家庭开支。可称道的是，她这么做并没有让儿子和父母之间产生隔阂，甚至伤感情地斤斤计较，相反，这让他们的儿子从小就对维持一个舒适的家需要多少花费，可以如何节流并量入为出，有了很具体的认识，并且在日后很多的工作生活场合，他都能及时地意识到自己的责任。

警觉道德绑架

无微不至的照顾和施与心态只是一线之隔，为了爱孩子，家务事不要孩子做，烦心事不用他知道，某种程度等于宣告孩子在家没有角色，贬低他的价值。倾斜的爱反映父母的一种心态：孩子只是个孩子，起不了什么作用，怎能期待一个孩子能有什么贡献？如果觉得孩子什么都不懂、什么都不会，就必然会大包大揽。接下来就是"我对你那么好，你就应该如此如此地回报"，"我这么爱你，你怎么可以不听我的"，如此这般，用施与辖制操控对方，形同道德绑架。只要父母将无微不至的照顾转变为施与心态，随之而来的往往是要求孩子顺从自己，这种无形的压力往往过于沉重，让孩子不容易用真实的面貌与父母互动。面对父母时，为了避免冲突，为了不让父母伤心，他们于是常常压抑自己，表现出顺从听话不忤逆的样子。我想说，道德绑架，于任何人际关系都是不得不防的杀手，何况在亲子之间。

大方接受孩子的心意

一位退休教授看到女儿家富足、前卫的生活，很是放心，也很羡慕。她感慨，儿女们的生活已经很完美了，花起钱来都是大手笔，但给大人的礼物却是一点点，为什么我们还一心节衣缩食供应他们呢？他们对老人的恩情理解吗？他们感恩吗？这位教授的感慨反而让我心生疑问，在孩子成长过程中，你们没有教她如何回应父母的付出吗？

从小，我的爸爸妈妈总是很自在地接受我们满心欢喜准备的图片、文字，或舍不得吃留给他们的一小片蛋糕，我不记得他们拒绝过什么。印象中我的老妈妈，很幸福地评论她的子女："早知就多生几个，你们每人给我一块钱，我就有五块了。"我的老爸爸收到我们送的礼，开心得摇头晃脑，笑容满面说道："当年哟，一边烤尿片，一边准备教书材料。"我想说，对于孩子的心意，大方自在去接受，再加上几句美言，亲子之间，其乐融融，何必矫情？

总而言之，我认为爱中不应有矫情。孩子对家有归属和认同感，在于他认识到自己是家的一分子，不满足于单单做接受者，还能够有机会做施与者。好的父母，愿意提供机会，让孩子学习到责任，让孩子明白父母的付出，学习感谢和感恩，并以自己的方式回应父母的付出，牵挂在意父母，懂得珍惜和维护与父母之间的情感连结。简单一句话，让施与的爱与反馈和感恩并存，让倾斜单向的爱恢复双向的平衡，亲子之间才能不断收获爱的流动。

爱里没有掺杂

现在家长群中流行一句话叫"小时候把心融化，长大后把肺气炸"。相较于怀胎初见之时，父母对孩子油然而生的爱，随着孩子的成长，这些涌自内心的爱就有些变味了。全力打拼，为孩子规划周详完备的人生蓝图，不计代价，挑灯夜战，伤神地盯着孩子的作业，甚至不惜牺牲自己，放弃事业。这些将孩子放在首位，为孩子全力以赴的父母，有错吗？当然没有！可能需要扪心自问的是养儿育女的心态。以爱之名的各种作为，有时会不自觉地加上一些以父母为中心的成分，掺杂难以明说的心理需求。为孩子报名各种学习班、学琴、学美术、学记忆、学速读，尽己所能地提供各种机会，固然有为孩子前程考虑的成分，但也有可能是弥补过去自己的缺失，希望我的孩子不再重复自己的过去而产生的补偿心理。还有的父母非常想赢，想通过孩子证明自己有能力，不自觉地给爱标上价格，不免掺杂许多面子、较劲的虚荣心态。我想说，掺杂了这些成分的爱，孩子是闻得到、感觉得出来的。有孩子就很清楚地意识到爸妈这种工具导向的爱。上海一位14岁的女孩由于受不了父母的辱骂与虚荣，最终选择了跳楼自杀。她留下 1 500 字的"千字遗书",曝光后不禁让人心痛不已。她写下:"你们爱的不是我,爱的是漂亮的成绩单、出色的技艺表现。孩子是带给你们荣誉的人、严格出孝子的代言人、在朋友面前攀比的工具。"(引文一)这位后来结束了自己生命的女孩,对父母爱里的各种成分,有着透彻的观察。

切断爱与掌控之间的无谓纠结

我认得一位年轻朋友,小时父亲遗弃母女俩,她由母亲抚养长大。成年后她渴望有个甜蜜的家,有爱她的丈夫,立志做贤妻,给孩子一个完整的家。她很幸运,找到了那位爱她的人,结婚后有了孩子,一心做良母,在极为有限的时间里,充实自己,辅导孩子。她渴望不重复自己母亲高度焦虑、没有安全感、高度掌控的爱孩子方式,给孩子自由发挥的空间,她会主动去上教养课程,不时地为自己、为孩子付高额费用向专家请教咨询。讲到教养知识,她可以侃侃而谈。对她而言,她的努力以及各类教养课程本身就能够带给自己抚慰的作用,填补童年的缺憾。表面来看,她懂得按照孩子的个性,为子女安排不同的学习活动,她还会定期安排全家一起出游,国内国外游历,曝出一张张温馨的情侣装、父子装、母女装、家人装的家庭照,让人不禁生出几分艳羡,看得出她是非常用心在经营亲子关系和家庭关系的。

但是来找我时,她对自己却十分不满,言谈中流露许多

第二章　建立爱的能力：亲子情感连结

沮丧和挫折。问其原因，她说自己为了孩子，辞职回家做全职妈妈，她的渴望和焦虑，全都转投在了家人身上。一如在职场，她很在意自己的计划和要求，当孩子表现不如预期，或者当丈夫没有如她所期待地分担教导工作时，她的愤怒和挫折，就不受控地直接投射到了孩子身上。"我牺牲这么多，你还这样，对得起我吗？"一连串的质问像连环炮一样射向家人，造成她和家人之间不少的紧张和冲突。言谈中她对自己这样的失态颇感懊恼。

　　我将这种爱的表现方式称之为掺杂的爱。针对掺杂的爱，父母在日常生活中应代之以一个决断性的动作，就是切断，切断爱与掌控之间的无谓纠结。怎么个切断法呢？让我用这位立志做贤妻良母的年轻女士做例子。她出于补偿心理，不自觉地发动起对配偶和孩子不健康的掌控和辖制，虽然很多时候她有理，而自己也分析得头头是道，但配偶和孩子却并不能体会她行为的合理处，反而会因为掌控和辖制感到很不舒服和反感。多次协谈后，我将心理辅导的重点放在帮助她厘清努力背后的不安和焦虑，帮助她看到她的做法与内心的惧怕、渴望、不安全感之间的关联。我希望她能够通过心理建设打破完美妻子的自我期许，并非成为万能母亲才能拥有家庭幸福，适时的放手有时反而会让家庭重获生机。

　　我请她由历次炸锅的具体事件中，先察觉炸锅事件发生的前兆，也就是提示性情境，进而请她认真地分析自己挫折、沮丧的原因，以及家中配偶和孩子反弹的缘由。请她试着要求自己，在意识到类似事件要炸锅之前停顿几秒，评估这是不是来自自己内心的许多不满足和渴望而引发的自我苛求？是不是无意中越了界，将自己的标准要求强加到了配偶和孩子身上？值得庆幸的是，在一次一次的练习后，她对提示性的触发情境开始比较敏感，并开始学习转向操作，调整原有惯性的做法，用意志将冲口而出的话语吞回去。这样实践了几次，她意识到自己拥有换个脑袋、转个眼光的可能性，并开始接收到先生讲话的内涵和心意，开始尝到与孩子对话的甜蜜。类似的正向回响，让她带出更多的正向发展，我逐渐看到了她从容自在的喜乐，这真是让人欣喜又欣慰的一次经历。

切断爱的表达与表现/成果之间的关联

2022年1月11日"星岛头条"的一篇报道吸引了我，标题是"徐州母辣招迫温习，团团收到崩溃大哭"，文章附上了一张插满教科书的生日蛋糕的照片。故事是这样的，为了庆祝儿子11岁生日，这位母亲答应订购一个"皮卡丘"造型的生日蛋糕，这让儿子相当开心，十分期待生日的到来。可是大考临近，这位母亲眼见儿子仍天天打游戏玩乐，就是不温习功课，于是改变主意，在生日当天给儿子送来一款插满美术、道德与法治、数学、英语、科学等课本造型的蛋糕，下方还写有"地球一天不毁灭，你都得写作业"的标语。男童看到后当场大哭，母亲说："我就是想让他好好温习，好好考试。"（引文二）看完这个真实的报道，内心着实五味杂陈。这个孩子在大哭中，能感受到他妈妈的爱吗？能感受到妈妈要他温书，怕他考不好的苦心吗？恐怕他一辈子都忘不掉这个出尔反尔的"玩笑"吧。这是爱中掺杂管教，试图以爱的名义，用礼物来交换孩子受教的典型例子。

这个例子提醒我们，必须切断的无谓纠结是爱与孩子行为表现/成果之间的关联。中国人爱说孩子被逼疯掉是因为学习压力大，可是种种证据显示，明明是家长心里有太多掺杂，把成绩看得太重，才把孩子逼疯的。为了孩子的前程，父母像竞技场上拿着鞭子的驯马师，孩子沦为场上竞技的赛马，加油！加油！驯马师要的是赢，而孩子的感受已然不重要。

回到插满教科书的生日蛋糕事件，我会怎么做呢？我会依约送上皮卡丘蛋糕，并不会因为他沉迷打游戏而用课本蛋糕去管教他。我会让他自己承担不温书的后果，因为有可能他仍能考得很好，也有可能考砸了。总之，考试温书是他自己的事，他需要为自己的行为负责。父母的责任是提醒和协助，也仅止于提醒和协助。孩子需要从小开始经历承担自己选择的后果的责任。孩子有越多必须为自己的行为负责的经历，就越容易养成节制和自我管理的习惯。对孩子应该有爱的表达，也应该给孩子应有的管教，让他意识到对自己的行为应承担后果，但必须分割清楚，一码归一码。爱与管教可以兼容并重，不要担心管教和对孩子有所要求，会伤害亲子之间的情感。重要的是，让爱的表达与行为表现/成果之间脱钩，切断爱与赢取工具之间的不正当连接。标价式的爱并不是爱，那样做不仅不会让孩子体会到父母的爱，反而会抑制孩子发展爱的能力。

爱里没有自我苛求

许多教养书籍都教导为人父母者，要做孩子的帮助者、守望者、供应者和坚强的后盾，这些道理都没错，但无形中为父母设定了一个十项全能的期待，为人父母责任重大，好像不做到十全十美就是不及格的父母。但完美的父母，反而不容易和子女之间产生更紧密的情感连结。劳伦兹博士（Konrad Lorenz，1903—1989）是位奥地利动物行为学家，他曾提出印记学说，解释新生的鹅与其照顾者之间的连结是怎么产生的。印记学说同样让我们可以思考人类亲子之间爱的连结是怎么维系的，父母在孩子的心中留下了什么印记。

孩子在每天生活中，眼里看见、耳朵听见父母的行事为人、言谈举止，点点滴滴都会留下印记。爸爸妈妈是怎么样的人，孩子最清楚，无法刻意，也没得伪装掩饰。爸妈是勤奋认真还是成天坐在牌桌上，是朴实单纯还是表里不一、人前人后不一样，是经常背后讲闲话的势利计较之人还是心胸豁达的智慧之人，方方面面都逃不过天天生活在一起的孩子的眼睛。孩子未必会分辨批判，但孩子会学习吸收，认为人就是这样，做人不过如此。父母在孩子心目中留下的印记，影响孩子与父母的感情，更影响孩子对人的认识。父母需要考虑的是，如何将真实的自己展现在孩子面前，让孩子理解并尊重自己，并能够召唤得出对父母的情感和看重。

或有不足、或有软弱的普通人

许多父母为自己设定了一个正面、积极、认真的全能形象，在这种自我期许的推动下，十全十美的神级标杆让他们汗流满面。在孩子面前，他们努力表现出全知全能，仿佛天塌下来都能顶得住。坦白说，**作为家人和孩子坚强的依靠，并不必须让自己是超人和全能者**，孩子其实需要看到的只是尽心尽力尽意爱自己的父母。做父母的，都有软弱和不足之处，也有心有余而力不足之时，都是有限的人，正因此，孩子需要有倾听的耳和体贴的心，懂得感恩并愿意伸出手提供帮助。允许孩子在你的平凡和软弱中，看到可以补位参与的空间以及自己的价值，会让孩子在亲子关系中感受到更多爱的流动。记得小时候我曾经陪母亲去讨债，坐在欠债者的家里一整天，他们照常吃饭休息，就是不还钱。我们没有走，他们最后拿了一包米打发我们。夜里，我挨着母亲坐公交车回家，一路默默无语，心中固然充满不平，同时也为母亲的勇敢而骄傲，她面对欠债不还者吞下许多委屈、无奈和无助，让我觉得她特别了不起。为了让儿女衣食无虞，我感受到爸爸妈妈的辛劳付出，他们对待生活的认真，以及面对生活的无奈和软弱，让我很早就生出不让他们失望的念头。也许是无心插柳，爸妈将他们的真实摊在子女面前，以致我们兄弟姊妹都很在意他们的感受，很少做让他们伤心烦恼的事。时至今日，当我回想起与母亲一起去讨债的场景，心中仍会涌出一股莫名的骄傲之情。

有感觉、有心思的血肉之躯

爸爸妈妈需要让孩子知道，他们的父母是有感觉、有心思的平常人，出错时会懊恼，失败时会低沉，遇挫时会沮丧，伤痛时会哭泣。孩子的某些行为会让爸爸妈妈感动，有些行为会让他们担忧，有些言语会让他们伤心，这些都需要智慧的父母在亲子关系中让他们有所感受。遇到椎心之痛的事，背着孩子暗夜哭泣，反而会让孩子担心害怕，会因不知状况而焦虑。不是说亲子之间任何事情都需"透明"，只是如果父母一味捍卫强大，不敢示弱，在许多时候，会让亲子之间出现越来越多讳莫如深的敏感话题。孩子也是有感情、有心思的，适当地表露自身的不完美，以及让孩子也同时认识到自己的不足，会调动亲子之间更大的爱能量。

第二章 建立爱的能力：亲子情感连结

不完美是美

美国米尔斯学院（Mills College）1958年开始了一项有关自我发展的追踪调查研究，其中一些受访者的回答令我印象深刻。这些受访者的爸爸妈妈都十分能干、聪明，并且有出色的领导力，是职场上的常胜将军。他们往往会赢得孩子们的尊敬和佩服，但虎父怎能有犬子？这些受访者表示，父母像神一样的表现，让他们认为自己是所向披靡的，职场上的干练精明，让他们在教导上习于专断和控制，不认为自己会误判，这常常令孩子们感到愤怒、害怕和反感，进而不自觉地产生了反抗情绪。看起来，父母的超完美，也可能带给孩子沉重的负担，仿佛有完美父母的诅咒。我建议家长可以适度放松，因为，父母的出色表现固然会让儿女引以为荣，但也容易让儿女忽略了父母也是普通人的事实。我认为，孩子需要看到父母的并不完美，当他们看到父母会犯错，会把事情搞砸，但却可以勇敢、诚恳地面对错误时，不完美反而拥有了美的力量。

让孩子全方位地认识父母

考虑到孩子的年纪尚小，许多父母为了体贴孩子，要他们专心学习，家里的事常常不让他们操心。对家里的各样供应是怎么来的，他们没什么概念，对父母工作的投入，他们也未必了解。这样的孩子难免会生出娇惯习气。网上有一则消息，说丈夫看到女儿从课外辅导班回家后，一直在玩手机，叫她去洗澡睡觉，女儿却为此生起气来，小嘴一努指着爸爸道："当大人的都好好，只要上完班就能休息，还可以一直玩手机，不用做功课，上辅导班。"丈夫反问女儿，是否认为工作很轻松，上学较辛苦，女儿回答"对"。丈夫决定趁假期带着女儿一起上工，"按照我的作息，我下班车你就下班车，我吃饭你才可以吃饭，我睡觉你才可以睡觉"。丈夫是货运司机，第一天跟着爸爸开车，女儿很开心，但到了半夜丈夫仍不能收工，女儿致电给妈妈："我想睡觉了。""你爸爸都没睡你睡什么？你不是要跟爸爸一样吗？觉得他很轻松？那你就应该跟他一样的作息，你看哪个人边开车边睡觉的？"第二天晚上妈妈再次接到了女儿的电话，称跟着推重物，手指酸痛快断了。妈妈的回应还是一样，"爸爸做什么，你就照做。"女儿终于在两日的体验中，理解了工作的不易，父母的艰辛。比起这些，上学读书的苦算什么苦呢？好一个震撼教育。（引文三）

  我也有类似的经验。小的时候父亲偶尔带我去他工作的学校，我看到工作中的爸爸，很少坐在办公桌前，而是用走动管理，他一边处理事情，一边告诉我"爸爸还有事要做，你自己玩"。而我，看到了一位有着一张简朴办公桌的他，看到了主管有所吩咐时的他，看到了与高中生的大哥哥大姐姐讲话，纠正他们服装仪容和行为的他。数十年过后，我仍记得他微胖的身影，对服装不整学生严肃地训话时的场景，以及一边处理杂务，一边告诉小小的我先自己玩的神态。他似乎没有防卫地一直在做自己，在我眼里，那是一位和在家里不一样的爸爸，但却是一位无比真实的老爸。

孩子需要有机会了解父母的生活世界，从而破除圣人、全能者、强者的父母印记。而当父母不再自我苛求，不做完美超人爸妈，而是自在地释放自己，让孩子看到认真诚恳的你而不是完美无缺的你时，你的踏实和务实也就比较容易落在生活的点点滴滴。当不再苛求自己，也就比较容易不苛求孩子，比较能够忍受孩子的不足，耐心等待儿女长大懂事。父母的真实本色和孩子对家的归属与认同，往往是亲子之间形成爱的连结的基础。

恰如其分做父母

教养孩子的方法，林林总总，但要能举重若轻，自在地为人父母，还需冷静的头脑和清醒的认识。

简要来说，本章的关键词是拓展和面对。拓展什么呢？拓展父母对孩子爱的表达。首先是**投入面的拓展**，从物质的供应，拓展到言语、时间和行动的供应。通过平和却有分量的言语加上能听的耳朵展现爱；通过时间的保留展现爱；通过情感支持和管与教并重的行动展现爱。其次是**关注面的拓**

展，将关注的焦点从孩子的学习成绩，重新对焦拓展到孩子的全人，他的心情、爱好、需要。关注的焦点从学习，到日常生活必要的常识和经历，也就是拓展他的生活经验，要明白爱的标的是孩子，孩子自我的健全发展。

　　面对什么呢？也是两方面。首先，父母需要**认识和面对自己的内心剧场**。意识到爱的表达中掺杂的内在心理渴求，是一件需要正确梳理的事情，期求回应和回报并不丢脸，更不必自我压抑，未必需要铲除，也未必能铲除，至少要勇敢地面对。这个认识自己的契机，也是自我成长的契机。期待儿女明白父母的付出，进而珍惜、善待并存感恩之心，是人之常情，不用矫情地不求回报。在正确认识到这些之后，父母才能有意识地剥离爱中的掺杂，包括切断内心需求未得满足的补偿心理，去除维护面子和较劲的虚荣心态，切断爱与掌控、爱与表现、成果之间的无谓纠结。其次，父母需要**拒绝自己成为超人、圣人和全能者**，有意识地从自我苛求中释放自己，学习减轻压力和减少焦虑，负责任地不在压力和焦虑中去养孩子，要知道自我中心的施给和强迫并不是爱。

　　温暖的情感连结是父母给孩子最珍贵的礼物，也是孩子给父母最窝心的献礼。

第三章

自律能力：习惯成型，生活轻松

培养四类好习惯

铺设孩子自主自发行动的轨道

- 好习惯的养成需要手脑并用
- 具有四类好习惯的性情
  - 养出规律生活的好习惯
  - 养成眼观六路、耳听八方的机敏
  - 养成自动自发的殷勤
  - 养成连结他人的同理
- 避开"什么习惯都养不成"的坏习惯
- 良好习惯如何养成?
  - 从情境亲近性建立提示性触发
  - 到位的好榜样:动手,动手,再动手
  - 奖赏:连于好感度建立正向反馈循环
- 怎么改不良的习惯?
  - 善用奖赏和代价
  - 逐步与耐心
- 手脑并用,一生受益

好习惯的养成需要手脑并用

一位三十出头的朋友，出身书香世家，外貌出众，应对有礼。在学习上她从没让爸妈失望过，一路过关斩将，进入名校，后又出国深造。靠着过硬的文凭她顺理成章地获得了心仪的工作，上司和同事也极为赏识她的才干和认真。她善解人意，乐于帮人排忧解难，许多朋友都愿意和她倾诉谈心。她有着很好的审美鉴赏品味，总是打扮得漂漂亮亮出门，赏心悦目。她享受美食，有好吃的，会开心得眉开眼笑，可爱极了。很完美，不是吗？但我却十分心疼这位可爱的年轻朋友，因为她生活中有着不易为人发现的另一面。由于工作繁忙，每天的日子被她化约成只有工作和解决生存基本需求的吃和睡，三餐随意打发，下了班累了就直接睡觉。虽然她很懂得整洁和家居布置的重要，但在她的住处，却没什么家具，到处塞满衣物、杂物，新的旧的，有用的没用的，堆在十来个塑料收纳盒中。她的厨房是备而不用，而动手家居清洁则是以年度为单位的大事。她过的日子和她爸妈曾经给她的相比，判若两个世界。她母亲曾不无懊恼地向我抱怨："我都不是这样的，我们家也不是这样，她看也应该看得会呀?!"

其实，她的母亲错了，单观察，不动手，是无法学会自理的。习惯的形成，需要的是手与脑并用。良好的生活习惯能让孩子过上好日子，不用在日常生活的自理和课业学习等方方面面，不断花力气去争执、选择、争辩，不仅造成身边人的负担，也让自己着实辛苦。让孩子从小养成好习惯，没有不良习惯的影子，是父母可以有意识去做到的。培养出孩子好习惯的性情，后续的许多生活问题也就迎刃而解了。

具有四类好习惯的性情

我曾经看过一份资料，指出小朋友从小应该养成的生活习惯。这份资料洋洋洒洒列了 21 项，但对我而言，它显得没有架构，也难以消化，有些过犹不及。我试着根据我对相关文献的理解，改由性情的角度出发总结出四类好习惯。我认为，一个人最好能彰显有规律、机敏、殷勤和同理这四种基本的好性情，而这些性情的培养，则始于孩子从小建立的四种好习惯。

养出规律生活的好习惯

人们每天的生活有一定的规律，绝大部分是在理所当然的预期之中进行的，一旦理所当然的预期被中断，就难免生出焦虑、愤怒、不安等情绪。想想 2020 年开始的新冠疫情，人们的常规生活被不知何时就会被传染的病毒打破，整个社会的防疫工作也让理所当然的日常生活节奏充满了不确定性，而这种对规律生活的较长时段的打扰，也最终让人们对未来现出或多或少的茫然与不知所措。

为什么强调要从小养成规律的生活？有两个理由，首先，孩子在睡眠、饮食、日常活动、运动等方面的习惯，都是从小逐渐养成的，也是爸爸妈妈和孩子共同摸索寻找到的井然有序的生活架构。新生儿哭闹，某种程度上表示着他正在适应新的环境，而当婴儿可以晚上一觉到天亮时，对新手爸爸妈妈来讲会是何等的开心，终于可以安心睡个好觉了。喂食时，小宝宝张开口一口一口地吃，或者咕嘟咕嘟就将一瓶奶专注地喝完，对照顾者而言又是何等的成就感。生活作息的规律逐渐形成，一方面可以减轻大人的照顾负担，一方面也可以降低小小孩的焦虑。许多科学研究均已证明，遵循规律的生理时钟和生活规律，有助于提高睡眠质量，调节食欲和消化系统，并支持身体的整体健康和功能发展。

其次，作为社会的成员，社会有许多例行/预设的框架，有普遍为大家所接受的时间设计，亦要求小朋友去适应。比如何时开始就学，上学后每天什么时间到校又何时可以回家，学校活动如何安排，何时必须完成交代的课业等。既有的框架和例行活动时间不会反过来迁就小朋友，这就要求父母需提早培养出孩子符合社会时间的生活规律。由于社会运作的节奏是无人能轻忽的参考点,孩子生理时钟的形成,眼光就不能只停留在孩子自己的偏好,也不能依照父母的生活习性。父母的眼光必须放远,看到孩子离开家上幼儿园之后的大环境,从而调节孩子的生活规律,使之适应外在社会环境的运作律动和时间框架。

有了这样的认识,父母就需有意识地对齐大环境的要求,逐步将孩子的生理时钟与社会生活的节奏校准。孩子的成长需要足够的睡眠,因此不宜跟着夜猫子爸爸妈妈晚睡。睡觉时间到了,需要养成习惯,刷牙洗澡,听听故事,很快就能睡下,不用太挣扎吵闹。这样早上也不用哭闹赖床,就可以按时出门上学。在饮食习惯上,也应从小养成规律地吃、适量地吃以及健康地吃的习惯。时间到了,穿上围兜,坐上高椅或饭桌,就表示吃饭时间到了。吃完了下桌,也可以有类似提示性的触发仪式。久而久之,当用餐时间到时,孩子已养成良好的用餐习惯,不会再抗拒吵闹,大人也不用再追着喂,孩子会自动坐到餐桌旁吃他面前的食物。

规律的日常活动会提供稳定性和预测性,规律意识的养成,会帮助孩子面对并适应家外的生活现实。对孩子而言,早早形成什么时候该做什么事的观念,养成节约并遵守时间的习惯,不仅能够提高学习和记忆能力,而且能够让他养成节制的品格。由规律生活带来的安全感和自在感,将让孩子在生命成长过程中不断收获新的能量。

养成眼观六路、耳听八方的机敏

论语记录着一句孔子的话"暴虎冯河,死而无悔,吾不与也"。意思是那些搞不清楚状况,赤手空拳就想和老虎搏斗,或是想徒步涉水过河,死都不后悔的人,我是不会和他在一起共事的。和我共事的,一定是要遇事小心谨慎、机智灵活的人,那些有勇无谋,缺乏情境意识,不能识时务者,是不能成就大事的。孔子谈的就是机敏,也是我想讨论的孩子应该具备的第二种性情和习惯。

在没有交通信号灯的路口,人潮如鲫,车来车往,一名幼童突然冲出马路。一名女子在她身后追出,惊呼着想将她捉住,但两人已都在马路中间了。此时一辆小巴驶至,千钧一发之际,小巴急刹在距离幼童不足一个身位的地方,在场人士无不吓出一身冷汗。这是曾经发生在香港闹市的一次极为惊险的场景,被记者记录下来并引为警戒:"要牵着小朋友,不是每次都那么幸运"。记者的提醒固然没错,但仔细想想,孩子每天的活动,父母什么时候介入保护,什么时候旁观,有刚性的答案吗?孩子每天要经历的人、事、物太多了,担心得完吗?还有更多令人担心操心的情境,父母能24小时不间断守护着孩子,保证孩子的安全吗?何况,越是周全的保护,越会削减孩子自主发展的动力。因此,有效的做法应该是,让孩子从小学习关注周边的环境,提升他们对环境安全的敏感性,培养机警灵活、发展应变的能力。当孩子拥有了安全/风险意识,养成了行事谨慎小心的习惯,他的自我保护能力自然就得到了提升。比起父母事必躬亲的"在场",这应该是更好的保护孩子的方式。

让我们来看看一位三岁多的小男孩遇到的问题。这位小男孩在回家路上和妈妈如常地聊天,他告诉妈妈,幼儿班的老师今天碰到了他的屁屁。妈妈问是怎么碰的,他说是帮他换小内裤时。妈妈告诉他那是没关系的。改天,孩子的妈遇到老师,提起她和儿子的这个对话,老师表现得颇受惊吓。的确,在国外,恋童癖是个敏感严肃且十分严重的议题。根据当地的法规,老师如在非必要的时间,非必要情况下,摸了孩子不该摸的身体部位,会受到开除处分。看到老师的紧张,这位妈妈笑笑说:"您别紧张,我在他很小的时候,就教过他身体哪一部分是私密的,是别人不能碰的。我相信他能够分辨。"孩子对于自己身体的认识和保护,是成长的必修课。而健康的教育,则应是让孩子坦然和正确地认识性别差异和身体隐私,并不会产生焦虑和恐惧的心理阴影。

其实,孩子所谓的机敏性情,更多时候源于对周边事物认识的丰富性。父母带孩子外出时,对附近的环境特征、交通设施、火车班次、便利商店的位置、东西的价格、酒店的防火通道等看似甚为琐碎,实则颇为相关的重要事,借着问答引起孩子的兴趣,引导他观察、注意周围的环境,顺带教导他对危险不安全状况的发生提前有所警觉。小如过马路时左右张望看有没有车，下楼梯时手扶着扶手避免踩空，大到不吃陌生人给的食物和饮料，不跟着陌生人走，不落单等安全上的提示，都可以在孩子很小的时候就有意识地教导，使他养成机敏的习惯。

见多识广的孩子懂得分辨，将警觉和机敏变为习惯，遇到状况时便能随机应变，不会像个大头虾，傻乎乎的，让人担心。美国宾州一位十岁男童葛林放学的时候，被一名女子跟踪。女子向他搭话："你要去哪里？你的家人在哪里？你饿不饿？我请你吃汉堡包。"男孩吓坏了，想要甩开女子，他一边快速行走一边寻找可以躲避的地方。不久他发现一家正在营业的花店，葛林冷静地走入店内，并对值班的收银员低声说："请你假装当成我妈妈，我被奇怪的女子跟踪了。"这时跟踪男孩的女子站在了花店门口，收银员发现不对劲，拿着手机走向大门，趁机关上店门并锁上，机智的葛林成功脱险。但事后接受访问时，他却说："当时非常害怕，身体一直在发抖。"葛林表示，父亲日常叮嘱他，独自在外一定要注意四周，小心陌生人，所以当他遇见可疑人物时，自然就提高了警觉。而他的爸爸也表示，没想到孩子有这段经历，但看到葛林的机敏应对，却也让他放心不少。（引文四）

养成自动自发的殷勤

大伙聚会时，总会看到有些人进出忙碌，热心地招呼身边的人，也有人就坐在那里，未必想等人招呼，但就是不会主动帮忙。家中宴客时，也会有客人主动问起有没有可以帮忙的地方，有的客人则不会，摆出事不关己的样子。有的人见到老弱妇孺，会主动地伸出援手，有些则无动于衷。前者是我们称为殷勤的人，后者呢？

在心理学领域，殷勤通常被定义为一种正向的、友善的、体贴和关心他人的行为表现。殷勤的人会自动自发地表达善意和关怀，关注他人的需求和感受。殷勤的人不是被动地等待他人的请求才做事情，也不是出于个人利益或为获得报酬而做事情。

殷勤的对立面则是无视他人存在的无感。殷勤和无感之间真正的差别就是主动性，是否自动自发为他人着想。许多事能主动就是美，等别人叫才动，就差了那么一点。十多年前我搬到一个新城市居住，在校园里看到学生吃完了餐椅子往后一推就走，不将碗盘分类放回，也不将椅子推回。我看了很不以为然，因为在我住的城市，大家都已养成自助回收餐盘的好习惯。

殷勤和无感，有时不单是个人行为，而是会熏染影响为一种社会风气。不知您是否遇到过拉开门正要过去，却有人一声不出面无表情地抢在前面先过，好像别人为他开门是理所当然？是否也遇到过走在前面的人开门一摔就过去，不管后面是否有人紧跟着？无感或无视他人存在的人，未必是目中无人的人，他们往往不能察觉他人的存在，缺少为身边人着想、不妨害他人的意识。冷漠的人和冷漠的社会一样，缺少的是彼此关爱的主动性。

或许有人会说，需要那么小气，斤斤计较吗？计较倒不必，只是，平心而论，具有殷勤这种性情的人，是否会比较受人欢迎？而过于以自我为中心的人，是否会让人不以为然，敬而远之？人，终究是会步入社会的，不论是从人际交往的角度还是从适应社会良俗的角度来说，殷勤都是一种不会让人吃亏的生活态度和性情。

养成连结他人的同理

同理（empathy）是一种情感和认知的能力，能够设身处地感受到他人的情绪，理解他人的情感和观点。同理含有共鸣和理解两个元素，是一种重要的处理人际关系的能力，也是一种社会沟通能力。通过发展和运用同理这种能力，将更好地促进与他人的沟通和理解，减少冲突，有助于更好地建立合作与亲密关系。

心理学研究发现，即便是六个月大的婴儿，也可以展现出情感共感，幼儿会通过模仿和角色扮演来展现同理，他们可能会模仿他人的情感和行为，并试图理解他人的感受和需求。比如，一个两岁不到的孩子和妈妈一起对着出生两个月啼哭不停的弟弟，他看看弟弟，又看看妈妈全写在脸上的无奈和沮丧，便共情地撇起嘴哭将起来。这是他的情感同理。孩子稍长，更会有意识地关注他人的感受，并表现出更多的同情和关心。一次在电梯里，听到一个小男孩牵着妈妈的手说："妈妈，刚才那个小妹妹哭得那么伤心，我想去拍拍她。"妈妈问："为什么你想这么做呀？"小男生一本正经地说道："你去上班不抱我的时候，我也会哭呀。"妈妈认真地说："对哟，下次我们记得去搂一下小妹妹。"这是小男生的认知同理。

同理可以透过练习和努力来培养和发展，这可以包括积极倾听他人的经验和感受，设身处地想象自己处在他们的处境，借此培养孩子关怀和尊重他人的同理心。而从两三岁进幼儿园开始，幼儿便有机会和其他小朋友一起玩了，他们开始学习校园里的规矩，也开始学会分享和体谅他人。比如看到同伴受伤或伤心时，他们会表现出体谅，安慰对方而非取笑；再比如当共享一套玩具时，他们会因为分享而感受到快乐。

需要注意的是，同理并不意味着需要接受或认同他人的观点和行为，也不意味着需要压抑自己的感受和需求，放弃自己的价值观或对事实的判断。它是一种在保持个体的独立性和辨识度的前提下，理解和连结他人的习惯。

避开"什么习惯都养不成"的坏习惯

好习惯的反面，是坏习惯。坏习惯未必是作奸犯科的行为，但却严重影响孩子能力的发展。借用教育家叶圣陶先生的看法，有种坏习惯万万不可养成，那就是不养成什么习惯的习惯。换言之就是，根本没有养成任何应有的习惯，比如规律、机敏、殷勤和同理，这会让孩子生活没规律，变得莽撞粗鲁，以自我为中心，甚至麻木迟滞。这种万万不能有的习惯，之所以养成，多半肇因于孩子在日常生活中总被认为是个孩子，凡事总有人安排和代劳。若还有神救援，有什么差池又总有人包揽善后，孩子自然觉得这一切都不是他自己的事。放任自流之下，孩子的生活变得散漫无序，今天东，明天西，今儿这样，明儿又那样，像不成形的泥石流。久而久之，这反而成为一种习惯，牢牢地在身上生了根。身为父母，要认识到为孩子妥妥地安排好一切，等于剥夺了孩子实践、尝试、走弯路的机会，大包大揽很难让孩子主动自发地养成良好习惯。孩子因之变得没有了主动性，不能自律，缺乏责任感，不成熟，遇到事情就甩锅，反正天塌下来有人顶着。这样的孩子，缺乏学习动机，很难与同伴和老师相处，也很难通过良好的习惯形成健全的人格。

良好习惯如何养成？

良好的生活习惯固然与坐、爬、走路等运动技能有质的区别，但习惯要养成实际都需要抓住三个核心要素，即提示性触发、重复的回应行为和行为之后得到奖赏。良好的生活习惯的养成需要刻意学习、练习，需要让孩子对于成功或失败都有直接真实的体验感，勿因事小而随便。

从情境亲近性建立提示性触发

对小小孩来讲，什么是提示性触发呢？提示性触发就是与他生活作息息息相关的事情。让小小的他从日常生活作息导入，就是情境的亲近性。小宝宝1岁半到2岁期间，逐渐有了自我意识，开始能够区分自己是有别于他人的独立个体。此时，正是启动培养好习惯的最佳时期，也就是我们常说的好习惯的养成要**从儿时开始，从小事抓起**。以训练孩子按时上床、独自睡觉的习惯养成为例，到了该睡觉的时间就启动就寝仪式作为提示。和爷爷奶奶说晚安，然后刷牙、洗脸、洗澡、换上睡衣，打开书本，爸爸或妈妈讲两个故事，道晚安，爸爸妈妈离开房间。其实，就寝仪式的操作可以灵活运用，重点就是时间到了就要启动，让提示性触发自然地带动后续一连串的动作，从而达到按时上床睡觉的目标。起床亦然。

玩具的整理也是家务的一大挑战，如何教导孩子收拾玩具，则是另一个情境亲近性的例子。更大点说则是培养孩子养成卫生整齐的习惯。今天，凡是养孩子的家庭，哪个不是房间里堆满玩具，大人们工作繁忙，常常不惜花费重金给孩子买各式各样的玩具，有些孩子收到玩具做礼物，已经没什么开心和新鲜的感觉，甚至摆出一副勉强接受的表情，让送的人也索然无趣。但整理玩具却是不得不面对的任务。一位不到两岁的小男孩，就和妈妈一起趴在地上，像玩游戏一样，将散在四处的笔都找了出来，放回原位。这位妈妈说，这样一次简单的共玩，让孩子产生了好大的乐趣和成就感。何以见得？因为隔了几天，她的孩子又趴在地上，检查沙发下、柜子下有没有什么东西遗漏。相信这样的经验许多父母都曾有过。幼儿自我意识萌芽，可塑性很强，跟他一起玩玩具、给玩具命名、数数有多少玩具，玩完之后，再用游戏制造收拾玩具的乐趣，教导他收拾"我的"玩具，放回原处。几次这样共同整理的经历过后，孩子自然会形成经常整理的意识，习惯于保持整洁的生活空间。

让孩子从玩具的选择和管理上，学着对自己负责，管理自己，练习节制，目标是使孩子可以开心地玩，节制地玩。家长可以和孩子具体地讨论，帮助他思考在日常生活的睡眠、学习、运动、饮食、亲子互动中，玩玩具的时间应如何安排，如何定位空间。诸如什么样的玩具适合？什么情况下买？何时玩？玩多久？如何管理？等等议题都可讨论，让孩子练习在满足欲求的同时，也能够在玩具的类别、预算，玩玩具的时机、时间之间做出取舍。这是个培养孩子自律的大好机会。

再比如，健康均衡的饮食对孩子的成长十分重要，家长从孩子很小的时候就应将健康和合宜的食物安排进孩子的饮食清单中，当孩子吃完面前预备的健康食物时，一定是件既快乐又有成就感的事。小小孩不宜偏食，也不宜吃得太多，人工处理过的食物更是不太适宜。许多孩子会有爱吃零食的习惯，家长应让孩子知道零食是特殊时机和特殊场合提供的特殊待遇，是不能替代正餐的。乔纳森·郝士雷博士（Jonathan Houseley）曾长期研究酵素与长寿之间的关系，他总结，想要健康且长寿，从小养成的健康饮食习惯无疑会带来大大不同的效果。

建立提示性的触发情境可以培养出许多良好习惯，其他如安全意识、自我保护、同理他人等优秀品质习惯的培养，只要有意，都可以在日常生活中见机教学。

到位的好榜样：动手，动手，再动手

正如本章第一部分所言，良好习惯的养成需要手脑并用。很多家长都有类似的困惑：我自己样样都做得很好，信守承诺，时间安排得井井有条，家里收拾得整整齐齐，孩子怎么没有学到呢？其实，作为父母，孩子可能早已观察到你的好习惯，然而不妨再想想，做了好榜样的同时，是否不自觉地疏忽了什么，妨碍了孩子养成好习惯呢？

先来看这个真实的故事。郝特先生（Milton Dubby Holt，1914—2007）是美国一名出色的田径和拳击教练，培养过冠军拳击队，可是他本人却从未打过拳。很多人好奇他是怎么培养出冠军队的呢？教练坦言，他极为重视实际操练，给孩子机会去做，而且严格督促队员练习、练习、再练习，到一个程度，一见"提示"，根本不用思考，队员会如同条件反射般做出应有的对应动作。持久的训练让队员形成了惯性行为，可以做出无间道的反应，速度可以胜人一筹。很多时候比赛胜负往往就是一两秒之差。美国普利策奖得主杜希格先生（Charles Duhigg，1974—）将之称为习惯的力量（The Power of Habit）。

讲这个事例是想说明，许多父母在教养子女时往往百密一疏，而疏忽的这一点却极为关键，那便是给孩子动手的机会。由于习惯是通过个人的重复性动作或行为，经过个人的大脑网络而形成的，也就是说习惯必须通过当事人的身体力行而形成，他人的耳提面命不足以形成习惯。孩子看到的好榜样，只不过是脑里的一个图像，操作仍是属于父母的，不会成为孩子习惯记忆的一部分，更不会形成模板。而要让榜样充分发挥作用，则必须让他动手操作，才能形成他自己的习惯。建立习惯的初始，不要嫌孩子慢、嫌他烦、嫌他乱，万事开头难，只要没有危险，就请放手让他动手，让孩子负责管理他自己的事和物，学习自发地保护、爱惜、整理属于他的东西，安排自己的时间及空间、自己的功课、学习以及未来规划等。简言之，**父母必须放手，才能让孩子动手。**

进入小学，孩子的功课、考试随之而来，需要培养他专心学习、勤于思考、按时完成功课的学习习惯，才会有好成绩，这是非常现实的事情。开学第一天，当然由父母带着孩子，准时起床、吃早餐、收拾好书包，一起出发到校，每一个步骤都需要指点孩子，为了不迟到，学习预估起床和出发时间。如果某一天迟到了，也不要生气着急，让孩子自己找原因。是起床晚了？早餐拖沓了？还是去学校的路上耽误了？或者还有其他原因？那么，明天该怎么调整？是早一点上床睡觉，把闹钟调早10分钟？还是早餐吃快一点？在路上走快一些？或者跟同学聊天聊短一些？做父母的，要给孩子机会反复总结、调整、练习，相信他终会找到他的最佳安排，因之也就建立了时间管理的好习惯。学习、做功课亦然，父母陪伴孩子逐步过渡，指点孩子腾出足够的时间，专注不分心地完成一项功课，有规律地短暂休息，再专注于下一项功课。这样，孩子逐步学会安排自己的学习任务，何时做何事，每件事做多久，一切有条不紊，能做到今日事今日毕，在时间管理上建立起秩序感和成就感。

此时，我想顺带提出邀请孩子动手做家务的重要性。孩子为什么要做家务呢？第一，做家务可以增强他对家的归属和认同，懂得自己的家要自己维护；第二，做家务可以增强他多方面的能力，比如培养系统性思维和专注力，锻炼孩子的统筹和语言表达能力，解决问题的能力，等等；第三，做家务可以带出他的成就感，并且能从中体会父母的辛劳，感恩父母的付出。总而言之，孩子的参与最重要，不必求完美，但一定要肯定孩子愿意参与家务的心。一次我看到一个两岁多的小男孩走到车库准备上车去，这时他看见自己家洗衣机的门是打开的，就立刻走过去把门关上了，嘴里还说着："洗衣机的门要关上。"爸爸当然立马奉上了赞美。此时孩子发现烘干机里的衣服还没有拿出来，就跑到烘干机前准备去拿衣服，这时，三岁半的哥哥也跟随妈妈从家里走出来，哥哥就上前帮忙。两兄弟好忙，来来回回走了三四趟，终于完工，而爸爸妈妈只是在一旁将衣服收起，没有插手帮忙。看着这两个小兄弟可爱的身影，我真心为他们的父母点赞。

奖赏： 连于好感度建立正向反馈循环

孩子做得好，给予言语表扬和肢体鼓励，这是许多父母会做的。然而，这里我想说的奖赏，其意义却不只是父母的欣赏和肯定，而更多是**行为本身带出被认可的愉悦感**。具体来说，孩子对食物有好感，对健康食物感兴趣，便会主动去吃蔬菜水果，并且定时定量。要让孩子认为上桌吃饭是件愉悦的事，父母就应避免在吃饭时训人，以免坏了胃口，坏了孩子对食物的兴趣。同样的道理，准时上床睡觉、按时到校上课、念书识字做功课，都应是让孩子感到开心的事，千万别反向操作，说"你再不收，我就修理你/我就把玩具送给别人/我就把玩具扔掉","别再玩了,快点睡觉,明早起不来,上学又要迟到了"。将睡觉、起床和准时到校与玩游戏的快乐放在彼此对立的位置,这是在造成反效果。如果孩子对迟到不在乎,那就让他体验迟到的后果,然后问他,此种后果真的是他想要的吗?当孩子对事情拥有选择权时,他们便会主动权衡利弊,尽力追求正面效果,避免负面效果。父母要做的其实很简单,不要破坏了孩子在日常生活中养成方方面面好习惯的胃口。

怎么改不良的习惯?

习惯研究的文献告诉我们,改习惯要比养成习惯困难。任何习惯都不是短时间内形成的。防微杜渐,避免坏习惯,最为重要。起床拖拖拉拉、吃饭时没规矩、开口说脏话、动手打人、乱丢东西、不讲卫生,当孩子第一次出现这些不良行为时,父母的反应很是关键。孩子会观察父母或其他成人对自己行为的反应,如果成人没有积极及时地制止,孩子就会重复这些行为和言语,以致习惯成自然。因此一旦发现苗头,父母就应晓之以理及时制止。

善用奖赏和代价

很多家长烦恼孩子该上学了不起床,对功课没有紧迫感，凡事总要人催；自己的房间乱七八糟，从不收拾，总是丢三落四的；凡事无所谓，没目标、没动力、没追求，没一点儿主动性。真头疼。此时，父母们可以从惯性行为和行为所导致的后果之间的关系着手，善用奖赏和代价，改变孩子的惯性行为。

分享两个家长们一定不感到陌生的案例。

"妈，语文作业忘了带，在我的书桌上，帮我送来好吗？"电话那头是女儿向妈妈急促的央求，让妈妈把忘记带的语文作业给她送过去。电话这头的妈妈看见书桌的一片狼藉，本想借机训斥一番女儿，但转念一想，不动声色地对女儿说道："哦，的确没带，我看到在书桌上。可是，我不能帮你送。""可是，老师会处罚我，学校离家那么近，你十分钟就可以送到了。""那就被老师处罚吧，是你自己忘了带呀。"妈妈挂掉了电话。很少有家长愿意冒着女儿会被老师处罚的风险来纠正女儿这丢三落四的习惯，可喜的是这位妈妈不仅智慧而且细心，她及时向老师说明了这一情况，老师也理解了她的苦心，当然，对孩子的处罚还是免不了。

从此以后，睡前整理书包，成了女儿的必做之事，好习惯于焉养成。当然，并不是遇到所有错误时父母都见死不救，对无心之误，父母都应伸出援手，但对良好生活习惯的养成，以及要让孩子认识到要对自己做的事负责，父母应有所坚持，不可妥协。

接下来这个场景相信许多父母也不陌生。每天一早，爸爸不停喊"起床啰，再不起来就来不及啰"，妈妈催"快张嘴，把这个吃下去，快点喝"，"鞋子在这里，穿上"，等昏忙一早终于坐上爸爸的车准备去学校时，孩子仍闭着眼，嘴巴还嚼着早餐，一脸惺忪没醒的模样。爸妈想想，这样折腾可不是长久之计，于是给老师打了个电话："老师，我家莉莉会迟到，你觉得应怎么处罚，就怎么处罚。"

"呀，快八点了，你们怎么没叫我?!"莉莉终于醒了。爸爸很淡定地说："没问题，你弄好了，我送你去学校。"妈妈说："没问题，早餐都已经准备好了，来不及，可以在车上吃。"这一天结束，莉莉悻悻然回到家，对爸爸说道："爸爸，今天被老师罚站在后面，好没面子!""为什么被罚呀?""我迟到。"爸妈相视一笑，问道："那以后还迟到吗?"莉莉不说话了，但从此以后，她都是准时起床，按时吃早饭，精精神神去上学了。她知道，很多时候爸妈不会一直让她靠，自己要把握好自己的时间。

这两个例子示范了如何打破自己事自己不负责的不良习惯，重建新的好习惯的教养过程。孩子整理书包是一件开心、值得做的事情，更是他责任范围内应该做的事情，而整理书包的奖赏是不会漏掉明天上课要带的书本物品。如果不做，不仅奖赏可能丢掉，还可能付出被老师处罚的代价。准时起床的例子也是一样，这对父母用让孩子接受处罚的方式记住迟到的代价，让孩子懂得自己想办法，避免下次再犯，而不是屡屡甩锅："都怪爸妈没叫我早点儿起床！"

逐步与耐心

克服不良的惯性行为，有些时候重点不在提示，也不在奖赏，而在打破旧的惯性，代之以养成新的惯性行为，这些都需要耐心。一位细心的妈妈观察做功课的儿子，一会儿喝水，一会儿去洗手间，不到一小时已经进进出出四五次。她看在眼里，却并没有急于求成。第二天，孩子照例要开始做功课，这位妈妈给孩子提了个建议，坐下写功课前把该办的事办好："我看你写功课时，进出洗手间三次应该就可以了。"孩子在妈妈的鼓励下果真少去一次。过了几天，妈妈又提议再减少一次，孩子又做到了。这样又过了几天，妈妈又鼓励他，这次，孩子终于可以集中精力把功课做完了。循序渐进的方式，既用耐心帮助孩子克服了不良习惯，也保护了孩子的自信心。

手脑并用，一生受益

生活好习惯，一旦形成了就会有从心所欲不逾矩的好处，给孩子提供行事为人的轨道。有规律的生活作息，有风险意识的谨慎机灵，主动表现出来的殷勤，对身边的人有将心比心的同理，这些美好的性情一旦培养形成，会让孩子受益一生。而坏习惯一旦养成，倒不是说不能纠正，只是要付出成倍的代价，也会荒废孩子宝贵的青春年华，何苦来哉？

本章特别强调，以身作则并不足以让孩子形成良好的习惯，必须让孩子自己手脑并用，习惯才能形成。如果要列出三个可以帮助孩子养成好习惯的策略，那我会说，第一是让孩子动手练习，第二还是动手练习，第三仍然是动手练习。

家长或许会问，动手练习什么呢？本章建议让孩子在日常生活中，动手练习规律、机敏、殷勤和同理。注意，不是听父母教导要规律、机敏、殷勤和同理，而是动手练习这些行为。孩子从小养成的这四个基本的好习惯，以致自然流露相应的性情，自然就避开了"什么习惯都养不成"的坏习惯。那怎么个练习法呢？经验告诉我们，从具有情境亲近性的小事着手，让他乐在其中，不破坏孩子对生活方方面面的好奇心，启动孩子手脑并用的自主自发能力，让他从小就习惯于做中学。对好习惯要善用奖赏使之保持，对坏习惯则应妙用代价，避免成为积重难返的恶习，久而久之，孩子会懂得自己选择，以及对自己的选择负责。父母切忌过于热心，切忌接过孩子自己应该承担的担子。要知道对孩子越是大包大揽地周全照顾，反而越容易让他什么习惯都养不成，简言之，以爱之名的帮助太多，反而会害了孩子。

第四章

自律能力：情绪的流露与管理

情绪无好坏，情绪无性别，情绪无长幼

越早养成管理和表达情绪的能力，收益越大

- ◆ 猜谜大戏，亲子的第一课
  - 壮如红日，精力有限的爸爸妈妈
  - 情绪的表达和管理影响社会关系
- ◆ 五味杂陈的情绪
  - 情绪的生成
  - 大脑有角色
  - 情绪无好坏
  - 情绪无性别
- ◆ 友善的情绪环境
  - 父母的言语和非口语通常有稳定孩子情绪的作用
  - 孩子的反馈往往是父母的学习机会
  - 学以致用，亲子互助
- ◆ 丰富他的情绪词汇
  - 口语和命名，播下情绪概念的种子
  - 脑筋急转弯，创造新词汇
  - 练习重新归类感受
  - 敏于情绪爆发，顺势而教
- ◆ 有情绪，但不被辖制
  - 坦然接纳自己有情绪
  - 知会情绪，争取纾解的时间与空间
  - 情绪中控制口手脚
  - 邀请孩子同理父母的情绪
- ◆ 高情商方能成事

猜谜大戏，亲子的第一课

宝宝的任何一个表情，任何一个动作，都牵动爸妈的心，会不自觉地对孩子的表情和动作诠释起来，"看，他笑得好可爱"，"看，他开心得手舞足蹈"。当然最为困扰的还是宝宝的啼哭，父母被折腾得手忙脚乱之余，还得作解谜大师，去猜宝宝那涨红着的小脸、声嘶力竭地哭，到底想传达什么信息。有时，宝宝刚刚还是笑脸，眨眼间就小嘴一撇，狂哭起来，看上去真是善变又脾气蛮大的宝宝。这都是为什么？其实，这个处在懵懂中认识和探索复杂新世界的孩子，时刻都在适应新环境，摸索形成他自己的作息、行为模式，并逐渐认识身边的人。进入大脑额叶皮层迅速发展期的幼儿，开始听得懂，但仍搞不清楚状况，不清楚自己想要什么，即使想要什么也未必能说得出来。小宝宝对许多陌生事物都感到好奇，很想玩，又有很多的不自在、胆怯，很自然就紧紧抓着爸妈，不知如何是好。有时没来由地对某些食物、环境、玩具、声音，觉得不自在、无聊、厌恶，就很需要爸爸妈妈的明白和回应。成人世界习以为常的生活，对小小孩来说却时刻充满陌生感，陌生感正是成长过程的压力源之一，而压力往往伴随着很多情绪。

壮如红日，精力有限的爸爸妈妈

现实的情况是，解谜大师虽然壮如红日，也有精力用完、耐性有限的时候。面对孩子成堆不能等的需要，以及做不完的家务，再加上职场不能妥协的工作要求，年轻的爸爸妈妈恨不得一天能有 48 小时，恨不得自己能多长几双手。当孩子哭闹不休，安抚无效时，能保持心情平静，继续耐心玩猜谜游戏，和颜悦色地面对配偶和孩子，那可真是超人。身心俱疲时面对孩子的哭闹和不合作，最容易的是克制不了自己的脾气而怒目相视、恶言相向，甚至动手修理。此时，最需要也最难做到的，正是克制自己的脾气，勒住自己的口和手，做到口不出恶言，怒中不动手。要知道情绪对情绪，是解决不了问题的。而父母的情绪稳定，是孩子情绪稳定的基础。

情绪的表达和管理影响社会关系

社会关系和人情往来是人日常生活的基本内涵。个人的情绪表达和管理，必然影响身边的人以及与人的交往互动。当今社会，愈发看重情商，也因此更需父母重视培养孩子处理情绪的能力。比如小朋友转眼间就要进入幼儿园，开始有群体生活，需要交朋友，而要享有融洽的社会生活，就需要有自我约束的能力。这时候，孩子需要学会忍住立马的冲动，耐心排队等候；需要学会分享食物和玩具，不能独霸。这些行为伴随而来的情绪，其表露和管理，如果等到小朋友开始有团体生活之时才学习，就有些晚了，而是需要在家里就提前教导。情绪的表露和管理，也是自律能力的一环，人人都需要具备管理自己情绪的能力，而且越早培养，收益越高。

五味杂陈的情绪

跳开哲学思维，学界开始以情绪为探究焦点，已经一百多年了。百年来一窥究竟的企图和努力，让人不禁长叹和佩服，人类的情绪果然极为复杂，未有定论的未知不知多过当前的已知有多远。长久以来，学界把情绪看成内在的生理反应，无论是负面的情绪，如悲伤、害怕、生气，还是正面的情绪，如开心、兴奋、感动、爱，常会伴随出现飙泪、心跳加快、脸涨红、呼吸急促、手发抖、身体冰冷、手舞足蹈等生理反应。对情绪有了这样的理解，很自然会将管理情绪的方向，通过观察身体的生理反应和内心感受的连结来辨识和理解自己的情绪状态，进而采取深呼吸、冥想、放松技巧、运动、离开现场或与人沟通等自我调节的策略来管理情绪，也可以采取正向思考、寻找解决问题的方法或改变对情境的看法这类思考方式的改变来调节情绪。许多例证都证明这些方法的确有效，在教导孩子方面也常被使用。

情绪的生成

情绪是什么呢？概略地说，从认知评估、生理反应、感受、表达和行动这五个情绪构成元素来看，情绪或者可以理解为**受到来自外部的刺激，由神经生理方面变化引发出来的一系列身体生理反应、心理感受和行为动作**。例如单独一人行走时，面对冲过来的一只狂吠凶猛狼狗，不禁心跳加速，两脚发软，紧张害怕，害怕被追、被咬，整个人就僵在那儿。情绪由受到外在提示性情境（狂吠凶猛的狼狗）的触发，唤起的生理反应（心跳加速）、行为动作（脚发软、人僵住动不了）和心理反应（紧张害怕）所构成。

大脑有角色

美国东北大学心理学教授巴瑞特博士（Lisa F. Barrett, 1963—）总结了大脑在情绪生成方面所扮演的角色，强调情绪的社会建构本质。巴瑞特教授在书中指出，由于本质上是大脑概念化地构建了情绪，因此可以训练大脑更为准确、细致地标记、分类和感知我们的情绪经验，使得大脑能够储存更多备用的信息，来侦测当下和预测将要产生的情绪状态。一旦大脑能够有效地辨认和分类当下的感觉，这些有关情绪的详细而准确的信息，便为人们提供了灵活、有用的反应工具，从而针对外在情境采取适当的行动，甚至不采取任何行动便可以内在地消化情绪。巴瑞特博士因而认为提升情绪的表露和管理能力，最为重要的方式就是强化个人的情绪概念库。她的建议对于孩子该如何学习认识情绪并进而懂得该如何流露和处理自己的情绪，可以说很有启发。

情绪无好坏

情绪，在一般人的概念系统里可以说是带有负面性质的词汇。闹情绪？别理他就好。其实，当我们真正认真谈论情绪的时候，没有什么情绪是好情绪，也没有什么情绪是坏情绪，严谨地说，情绪只有正面的情绪和负面的情绪，正面情绪不等于好情绪，同样的，负面情绪也不等于坏情绪。快乐是正面，伤心是负面，都有它独特的意涵。不少成人情绪暴冲，一不如意就骂人、摔东西，甚至控制不了自己，对周遭的人暴力相向；有的则是情绪闭塞，一有情绪则闷不出声，用一张黑脸对着周遭的人；还有的一脸酷酷的样子，举哀时不哭、吹角时不舞，不悲不喜，有如不生波的古井。毫无疑问，**无论是情绪暴冲还是情绪闭塞，其关键不在于情绪的好坏，而在于脑里搞不清楚自己的感受，也没有储存足够的词汇来表达复杂微妙的情绪，故而没有能力面对和管控自己的情绪**。说不出口或不知如何开口，逃避压抑或是简单粗暴地化为发脾气、动手来表达，都可以归为情绪失调的症候群，也可以称为情绪概念贫乏症。

情绪无性别

研究男女在健康上的差异，有一个让研究者十分困惑的现象，就是除了很少数的第三世界国家，各国的女性都比男性长寿，平均大约多活 6 至 8 年。但是世界各国的资料一致发现，出生时，男婴比女婴多。也就是男性的死亡风险比女性高。这是怎么回事呢？许多研究者发现，构成男女寿命差异的原因大多源于与性别有关的行为。诸多原因中，加诸男性身上的最大伤害，莫过于禁止他们流露情绪。

大多数文化中，害羞、害怕、伤心、温情与同理等情绪流露，多被标签为女性的情绪表现。当男孩在压力下崩溃而表现出"女性情绪"或"女性行为反应"时，所得到的回应，往往不是同理，而是嘲笑，比如，"娘娘腔"。用贴负面标签、制止、羞辱、忽视、转移等方式，处理男孩子的情绪反应，认为男生要勇敢不怕，男生不能哭，眼泪要往肚子里吞，长久下去反而养成男孩喜怒形于色，不受管控的习性，野人于焉生之；或者不悲不喜，将真实的情绪埋藏和压抑，成为一个现代的山顶洞人。男性角色行为早在童年时期即已内化于心，文献上称之为"男孩法则"（Boy Code）陷阱，有儿子的家长需要特别注意这一点。其实，情绪无好坏，情绪也无性别，任何人都需要找到合理的方式去管理和流露自己的情绪。

友善的情绪环境

虽然大部分人在成长过程中都多少经历过他人对当时仍为孩子的自己所流露出来负面情绪的不理解和不接受，及至自己养儿育女，当孩子面对内心某种需求不被理解、不被满足，露出哭丧着脸、嘴巴紧闭的生气神态时，自己还是不自觉地沿用了类似的方式去对待孩子，完全忘了自己童年时也曾遇到的不知如何表达内心感受、不知如何反应、陷入了情绪词汇不足困境时的挫折。现在让我们再次调动自己的记忆，想一想童年时不时会借助闹情绪来提醒大人关注时的感受，除了希望得到大人的帮忙，也许更多是期待他们能说出我们情绪的缘由，并因此理解我们的情绪。简而言之，孩子需要在友善的情绪环境中成长。

父母的言语和非口语通常有稳定孩子情绪的作用

情绪是由大脑构建的，受到外在语言和非语言的影响。即或出生不久的宝宝还不能充分表达自己时，爸爸妈妈也会以读你千遍不厌倦的耐力，用言语、表情、肢体接触等，传达爸爸妈妈正在回应宝宝的需要，试图读懂宝宝的心声。从话语中，动作中，宝宝逐渐感知到身边重要他人的功力非凡，从而建立起安全感和信任感。"哪里不舒服呀？""肚子饿了吗？""片片湿了？"不时还自言自语"妈妈猜对了"，"爸爸明白了"，诸如此类的各种回应，都在孩子的大脑里注入了信息，引导他经历自身需求出现时的情绪反应，帮助他表达，并回应他。

有一次大家一起吃饭，不知为何，两岁多的小新突然大哭起来。一桌的大人七嘴八舌地关心，他的爸妈也试图询问，但就是安抚不下来。记得他的妈妈不断用问句，试图了解小新为什么哭：不开心？生气？想睡觉？肚子饿？想去popo？哪里痛痛？确定不是因为生理需要而哭后，妈妈灵机一动问道："你想哭是不是？"小新挂着一脸的眼泪，用力向妈妈点点头。"那妈妈的手臂借给你，你可以趴在上面哭。可是，哭完了要告诉妈妈哟。"就这样，小新的妈妈很好地稳定了小新的情绪，趴在妈妈手臂上的小新继续哭了一会儿，终于收起眼泪，抬起头来对妈妈说："哭完了。"

每个孩子在成长过程中都应有过类似情形的发生，他们一时未必能用言语表达自己的需要，父母不妨保持冷静的态度和平和的心情，和孩子多玩几年猜谜大戏，透过言语、自问自答、肢体接触，分辨察觉孩子的需要。两岁多的小新当然讲不清楚想哭的原因，他可能只是需要妈妈的关注。小新的妈妈做得就很好，在排除生理需要的因素之后，借自己的手臂给小新，表示看到了孩子的需要，让他哭个够，小新的负面情绪因此得以宣泄。而如果爸爸妈妈没那么敏锐，对于孩子大动作的情绪反应给予大声否定、责骂的方式，要求其停止，孩子很可能接收到的信息就是不被理解，会感到更加委屈和孤单，进而选择用更激烈的方式表达他的诉求。其实孩子不断地哭闹、大声吼叫、耍赖、摔东西、打人等行为，都可能是情绪未得到适当纾解的升级版。要知道，父母的言语和非口语的动作，通常都有稳定孩子情绪的作用。要让孩子学会合理表达情绪,父母都需保持敏锐,而确保零危险则是对孩子情绪流露的认知底线。

孩子的反馈往往是父母的学习机会

孩子的反馈,往往是给父母的学习机会。比如,一大家子望着两岁多的宝宝在游乐场开心玩耍,但餐厅订位的时间快到了,该离开了,于是爸爸进场边说"走啰",边抱起女儿就走。玩得正开心的宝宝自然不依,放声大哭起来,折腾了好一阵子。爸爸无奈之下问女儿:"还想玩,是不是?"女儿梨花带雨地边哭边点头。"再玩五分钟,好吗?五分钟之后我们一起去吃好吃的,可以吗?"爸爸的商量口吻使小朋友立刻停止了哭泣,然后转身回到游乐场,把刚刚中断的游戏又继续玩了一会儿。五分钟到,爸爸再次进场:"时间到啰,要走啰!"这次,小朋友开开心心牵着爸爸的手,跟游乐场说拜拜离开。

孩子玩得好好的,大人安排的时间到了,不由分说抱起宝宝就走,想想的确欠缺对孩子感受的考虑。原本开心的宝宝,哭闹以示抗议,当然是可以理解的。好在爸爸反应快,接纳孩子"有理由的哭",再用询问的方式,给女儿表达意愿/需要的机会。当爸爸及时调整了自己的行为,表达出尊重女儿的诚意,并给予女儿一个可操作范围内的选择,两岁多的小不点,未必晓得五分钟有多长,但同样表现出了她的诚信,很快调整了情绪并遵守和爸爸的诺言,这真是让人惊喜的反馈。而父母在这个过程中，也应学到提前商量的重要性。

学以致用，亲子互助

情绪的表露和管控，千万不要误以为是父母对孩子的单向教导，爸妈同样可以从孩子那里获得支持，纾解情绪。手边正好看到一则报道，标题是"弟弟哭闹两个半小时，爸妈大崩溃，6 岁哥哥尽显高 EQ，反过来安慰爸爸"，我援引其中一部分。

视频中这位小男孩沮丧地坐在餐桌旁，另一个小孩的哭声不时传来。小男孩开始把手心贴紧，要自己深呼吸。爸爸下楼来，看似冷静地问小男孩还好吗，但一坐下，就崩溃地喊了一句"我的天啊"，可见爸爸已经被另外一位孩子的哭闹搞得精疲力竭。小男孩看出爸爸的疲惫与沮丧，他对爸爸说："我觉得我们应该一起深呼吸。"爸爸跟着照做。接着小男孩说："她快疯了。"他说的是妈妈，也是因为弟弟两个半小时的哭闹折腾到快崩溃了。爸爸向小男孩道歉，说他失去了冷静，并试着告诉小男孩："我们都很希望可以更好，给你做个好榜样，但这实在让人很挫折。"（引文五）

这是很美的一幅图画，不是吗？多数家长在面对孩子持续闹脾气时，是很难保持冷静，用平常温和讲理的方式面对的。六岁的小哥哥察觉到自己的情绪，用深呼吸面对，并敏锐地观察到爸爸妈妈情绪爆发的前兆。他适时地抓住时机邀请爸爸一起用深呼吸让自己冷静，防止情绪爆发，进而提醒爸爸，妈妈好像也濒临爆炸。而他的爸爸立即调整了情绪，坦然地分享当下的挫折感，并坦然接受孩子的帮助和支持，这真是再好不过的亲子互助。手忙脚乱之时，夫妻相互做对方的救援，安抚彼此精疲力竭时的情绪并不稀奇，可贵的是孩子也能上场发挥救援的功能。正所谓情绪无长幼，孩子一旦在日常生活中学会了合理表达和管理自己的情绪，就也能够为家庭友善的情绪环境贡献一份力量。亲子共学，相互砥砺前行，何尝不是一件值得庆幸的事？

丰富他的情绪词汇

研究文献显示，孩子越能用口语精确地表达他的情绪，或者说表达情绪的能力越强，他也就越能展现出健康管控情绪的应对方式。因而不妨借用心理学情绪概念库的做法，为孩子建立描述和表达不同情绪状态和情绪体验的词汇。在日常生活中训练孩子的大脑，透过语言、肢体动作、脸部表情、声音和其他非语言的方式，去标记、分类、命名他的情绪感受，帮助孩子准确地传达他的情绪。

口语和命名，播下情绪概念的种子

幼儿期是语言能力急速发展的时期，跟他一起阅读、讲故事、复述刚刚一起看完的卡通片或者一起读完的书，通过理解故事人物的情绪，有助于增加各方面的情绪词汇和亲子间的沟通。一位妈妈问两岁多的小朋友："你现在最像哪张脸？"孩子很快指认红色的卡通人物。妈妈接着回应道："所以你现在很生气，是不是？来，给妈妈抱抱，告诉妈妈为什么生气。"之所以孩子能指认和自己情绪有关的图片，是因为睡前床边阅读时，小朋友从故事中认识了红色、绿色、蓝色和黄色四张卡通人物，他们各有脸部表情、身体动作和手势，代表着不同的情绪，分别表达的是生气、愉快开心、心情不好和沮丧害怕。而两三岁的孩子，这种粗分类就已经足够。这位两岁多的小朋友，也因着自己的经验，明白妈妈口里所说"我现在感觉是红色"是什么意思。当他注意到妈妈的表情和肢体语言好像与他的经验类似时，也会向妈妈确认是否感觉红色，并会追问，为什么你此时的感觉是红色的。看到妈妈沉下来的表情，孩子也会问："你现在的感觉是蓝色吗？"小小年纪的他，不仅通过这样的方式和妈妈不断交流心情，也因此增加了许多亲子互动中情绪表达的窝心瞬间。

　　巴瑞特博士的研究鼓励我们，亲子可以一起训练大脑。借着询问、用口语形容、图片指认等方式增加孩子情绪表达的词汇，有助于孩子厘清情绪的由来，并思考下次可以如何提升口语表达情绪的能力，为孩子的情绪概念库播下种子，也由之建立亲子共同的情绪语言库。

脑筋急转弯，创造新词汇

老实说，养孩子的过程是有不少让做父母的发挥创意的机会。很多时候父母的妙回应，给了孩子重新思考的空间，也让他们享受脑筋急转弯的乐趣。巴瑞特教授举了一个例子："假设你看到十几岁的儿子去上学，他看起来就像刚从床上滚下来，头发蓬乱，衣服皱巴巴的，衬衫上还黏着昨晚晚餐的饭粒。此时，你当然可以斥责他，并命令他回房间换衣服。不过，此时的你也可转念问问自己看到儿子的装扮时的感受如何。是担心他的老师因为他的穿着而不认真对待他吗？担心他的穿着让作为父母的你丢脸？为他从来不穿你花心思买的衣服而生气？或者，你怀念他童年时带给你的活力和甜蜜，为他长大后更有自己的偏好，而感到失落？"想着想着，说不定你就有可能想出比仅仅对他大喊大叫更有技巧的回应方式。

记得爸爸和小妹一次正激烈斗嘴，眼看火星就要撞地球，爸爸突然笑了起来，望着小妹，脱口而出："你怎么那么像我！"瞬间化解了双方当时剑拔弩张的对峙。

一位朋友正值青春期的儿子告诉他准备去把头发染成绿色，他一时吓得不知如何反应，但转念一想，立即幽默地说道："这点子不错，你哥哥可以染成红色，你们哥俩可以站在十字路口，一个当红灯，一个当绿灯。"此事后来自然不了了之。

拥有较丰富情绪概念和情绪词汇的人，也知道在表达情绪时该使用哪些概念以及何时使用。就像一般人看不到颜色之间细微的差别，但画家就有那种分辨能力，而且可以精准地表现在画布上，挥洒自如。亲子之间不仅可以一起学习新的情绪语言，也可以尝试发明你们自己的情感概念，在和孩子针锋相对、剑拔弩张之时，不妨转转脑筋，玩玩家家酒，改变当时的磁场。

练习重新归类感受

控制自己的情绪，用学术语言来说就是重新归类你的感受。重新归类这一行为有助于充实自己的情绪工具箱，知道进入了哪些概念以及该何时使用，不断练习便可以得心应手去运用。有人说，不管是正向思考还是逆向思考，学会转念，就可拨云见日。这种说法实在美化了一念之间的难度，要人转念，那可真是不容易。我们每一个人都应该感受过其中的困难，明明转个想法就可雨过天晴，但就是会很纠结着不转。巴瑞特教授所强调的这种重新归类，其实并不是想做就能做得到，但通过练习，想做且去做，而且反复做，就有可能脑筋急转弯，机动性地重新归类自己的情绪工具箱，让情绪恢复健康。这正是我特别强调在孩子小的时候，就要开始练习亲子共学，不断尝试这种重新归类，练习口语命名和分类技巧，与孩子一起脑力激荡，可以带来实实在在的好处，也会带来更多的乐趣。

敏于情绪爆发，顺势而教

在美国念书时，我曾受邀去一个美国家庭享受感恩节大餐。闻香好久终于到了上桌时刻，四岁的小 John 发现他的位子没有像往常一样排在妈妈旁边，立马低声抗议。妈妈轻声解释道，今天有客人，所以安排你坐在爸爸旁边。经过一番不服和争取后，小 John 心不甘情不愿地坐上了他的孩童椅，但还是忍不住委屈地抽泣起来。低头感恩祷告后，妈妈看他还没有停的迹象，便轻声说："Johnny，请你下饭桌，去你的房间。"小 John 很听话，快速下桌并走进自己的房间。我看着他小小的身影，心下思忖不知接下来该如何收场。只是过了几分钟，妈妈便请爸爸进房间看看，又没过多久，爸爸便牵着小 John 出来高兴地重新加入感恩节大餐。

我大为惊讶主人夫妻的处理方式。没有看到孩子的大哭大闹，父母的大声训斥，反而观察到主人夫妻坚定而温和地面对孩子的不悦，同心又互补地帮助孩子平静下来。这对夫妻的言语和动作，让我这个外人完全不觉得他们是刻意的，看得出来在日常生活里，他们**接得住**孩子的情绪。他们的孩子**表露**了他的年纪会表露的很自然的情绪，也表现出超出年龄的**克制**，而他的父母也给予了孩子**空间去处理情绪**，更给孩子**台阶**，及时表达了父母的**扶持和安慰**。相信父母在日常生活中的一步步举动，能帮助孩子生出信心，更能增强他的安全感和耐受力。

敏锐于孩子的情绪，家长很自然地就可以示范怎么察觉情绪爆发的前兆，从而可以有不同的方法处理不同的情绪。例如一脸心事重重，是沮丧、伤心，还是害怕？家长能够适时地接住孩子的情绪，传达你不缺席的情感支持、陪伴和安慰。愉快开心时，与他同乐；气得要爆炸了，适时教导一些回应技巧，平静愤怒的情绪。敏于情绪的家，孩子也自然能够习于化解情绪。

有情绪，但不被辖制

谈到孩子情绪表露和管理这一自律能力的培养，大家应该可以注意到，我提出的策略是亲子共学，用口语、身体语言等方式传达对孩子情绪的接纳和明白。接下来要进一步提醒父母的是，坦然面对自己情绪的重要。孩子身边的重要他人，如果没有处理、面对自己情绪的能力，很难教好孩子。要懂得表露情绪，同时也要避免情绪失控。

坦然接纳自己有情绪

不可讳言，在孩子面前，做父母的很容易让自己进入超人的框框，不敢坦然接纳自己有情绪，更不轻易在孩子面前流露情绪，他们不能想象在孩子面前流露情绪的尴尬和丢脸。一位中年男士，对独子要求很严，要求他用功学习，考入名校。儿子也很聪明，但就是不肯用功，跟爸爸对着干。初中最后一年要考高中了，父子俩的矛盾达到高峰，无奈，他们只好求助于家庭咨询师。然而，经过多个疗程，仍然不见起色，父子俩还是针尖对麦芒，冲突不断。一次，咨询师提议："今天我们自由发挥，你们每个人发发牢骚，聊聊各自的苦闷，没有谁对谁错，爸爸先开始吧？"爸爸起初还是泛泛而谈，但咨询师很有技巧地追问，不置评论，更没有摇头否定。随着时间的推移，爸爸渐渐放下防御，说道："小时候家里穷，常被人欺负，哭都没人理。所以我下定决心要好好读书，将来出人头地。我常做噩梦，梦见自己回到老家，我和儿子一起被人欺负。我自己吃过苦，不再怕，可是，我不想我的儿子再受我当年受的苦。"说到这里，他已泪流满面，泣不成声。对面默默无声的儿子此时发声了："爸爸，我今后一定好好读书。"你看，亲子之间如果能够坦然无惧地表达，往往就能对彼此的情感接纳和理解了，而这正是解决问题的金钥匙。

知会情绪，争取纾解的时间与空间

我们每个人都曾遇到过负面情绪的出现。当在工作场所发生不愉快，心里憋屈得很不是滋味，甚至气愤到头顶冒烟，或者伤心难过到沮丧，这时候真是希望能有个容你独自安静缓一缓的空间，喘口气，立马喊暂停，安心地处理要爆的脾气，消化你的"蓝色多恼河"。当这些与家人无关的气恼出现时，口头上知会身边人自己的情绪状态是不可省略的动作，从而可以避免身边人遭到无妄之灾。这时候，我自己常常会比个暂停的手势，同时说："我现在很不行，别惹我，我怕自己会控制不了发火，给我一点时间消化一下。"很神奇，一旦用了类似这样的口语和动作表达，我发现就比较容易克制自己，也不会迁怒于他人了。因此，当情绪出现时，及时知会身边的人，是亲子家人之间应该共同养成的习惯，形成的共识。

情绪中控制口手脚

而当和家人闹矛盾正在气头时，更需要努力克制自己，注意口里说出的话和手脚发出的动作。父母的所有反应，孩子都看在眼里，若是由与孩子无关的事造成分歧，事后需要分出时间对孩子进行解释，澄清与孩子无关，是大人之间的事，更要趁此时机分享当下自己的想法和感受，以及了解孩子的想法和感受等。

而当孩子惹人生气时，则意味着这是要管要教的时刻了。当然一定要注意方式方法，首先需要注意的就是，不在怒气中管教孩子，因为怒气会模糊之所以要管要教的原委。饭桌上尤其不要教训责骂，一定要克制，任何管教说辞容饭后再说。其次，孩子总会有失误犯错的时候，不要急着责骂他，试着了解他怎么想，并同理他的感受。提醒自己忍住冲动,切忌火上浇油,大加指责。也许有人会问如何不在怒气中管教孩子呢?说实在,也没什么其他聪明有效的策略。吸一口气,梳理一下自己的情绪,叮嘱自己"稳住,稳住"吧。

邀请孩子同理父母的情绪

最后,邀请孩子同理父母的情绪,让孩子明白出现某类行为时爸妈的心情。没错,父母的情绪一不小心就可能变成对孩子的心理掌控、情绪勒索或道德绑架。要想不带有掌控、勒索或绑架,完全在于爸妈表达心情的语气和说法。"你这样做怎么对得起我?""你是要气死我,是不是?""我这么辛苦生你养你,你这没良心的,这样对我?"这类话充满了愤怒、控告,细想孩子听后无法反驳又充满委屈的感受,真是要不得的。智慧的父母,当然可以发心细想一下,该如何说,如何做,从而能够达到邀请孩子同理父母情绪的目的。

高情商方能成事

这章的目标是,在家人互相支持关怀的友善情绪环境下,从小教导孩子,训练他的大脑将生理反应的和心里感受到的情绪精准察觉、合宜流露、有效表达。做家长的要做到不打压,不贴标签,不污名自己的情绪和表露。同理,也绝对不要打压,贴标签,污名孩子的情绪和表露。

如何精准察觉呢？需要个体敏锐于提示性情境的出现，比如做不成事时会懊恼，分数不好时会觉得没面子，和同学争执时会生气，朋友离开时会伤心，等等，当这些情境出现时，自我要意识到其提示性作用，并知道大概率接下来会有什么样的情绪出现。坦然接受这些情绪的出现是正常的，可以被认可，不必回避。

如何合宜流露呢？情绪无好坏，情绪无性别，流露情绪并不丢脸。但提示性情境出现后而产生的情绪可被接纳，并不表示流露的方式没有规范。处在负面情绪中时，尤其要管好自己的口手脚，迁怒、粗口、动手打人、摔东西等情绪失控行为都不是合宜流露。合宜流露，强调的是有情绪却不得罪人，不伤害人，不让行为因之失控，甚至做出让自己后悔莫及的恨事。有情绪，却不被辖制，同时谨记不要容让自己抱着负面情绪，含怨、含怒、含痛地过日子。

如何有效表达呢？第一要紧也是唯一要紧的，当然是口语表达。我们需要在脑袋里储存足够的情绪词汇，将心里的感受清楚地描述出来，当脑袋里累积了不少成功或不成功的回应方式，就能够去芜存菁，如同工具箱，到时自然就能应用。其次，当情绪感觉要失控时，如果可能，不妨勇敢地和身旁的人打声招呼，要求暂停的时间和独处的空间，消化负面情绪。

细心的读者一定注意到，本章提出了两种游戏。一种是猜谜大戏。猜谜解话不仅仅是与小小孩的专属游戏，家人之间类似"你怎么了？好像有什么心事"的问答，也会体现关爱与同理，铺垫家人之间的安全感与归属感。第二种游戏是让情绪重新归类的脑筋急转弯。对于在什么时候会爆出什么情绪，每个人多少都已养成一种惯性的理解，惯性的表达，惯性的对应，就像按了某颗红色按钮，规定程序就是冒火、飙泪一样，都是老把戏，没什么新意。不如练习经常出变化球，拉高猜谜大戏的趣味性，丰富养儿育女的内容，为每天的生活增添乐趣。

最后，我还是要回到巴瑞特教授对掌管情绪的建议，她的建议深得我心。根据她对身体、心智、行为、大脑四者之间深度地相互连结的了解，她认为，维持良好的生活习惯有助于情绪管理。还记得吗？这可是前一章的主题。掌控情绪的基本功，在于保持体能的良好状态。充足的睡眠、健康的食物、均衡的饮食和规律的运动，是身体与情绪能够保持健康状态的先决条件。换言之，通过维护身体健康，可以增强情绪的稳定性和应对能力。读到这里，相信读者应该认识到，有健康的食物、规律的运动和睡眠，未必会懂得健康地表露情绪和节制负面情绪，并不保证一定享有心理健康；但没有健康的食物、规律的运动和睡眠，大概率会牺牲掉你的情绪健康和情商。毕竟，高情商是自律能力中非常重要的面向。

第五章

自律能力:行为举止的管与教

管与教的标的,是孩子不当的行为,而不是孩子

- ◆ 父母角色的二元性：不放松的轻松
- ◆ 不叫孩子轻忽你的管教
  - 区分规矩的制订和规矩的执行
  - 当地点时机允许父母进行管教时
  - 当地点时机不允许当场管孩子时
  - 从孩子切入，维护父母管教权
- ◆ 不叫孩子厌烦你的管教
  - 管理口舌是要务
  - 持平面对孩子的不当行为
  - 公平处理孩子的不当行为
  - 用放大镜寻找孩子做得对、做得好的地方
- ◆ 不叫孩子因你的管教而受伤
  - 管教的标的物是行为，而不是人
  - 管教针对的是故意和恶意犯错
  - 管教后必须跟进的善后举动
- ◆ 面对爸妈，又战兢又自在快乐

父母角色的二元性：不放松的轻松

对孩子行为举止的管与教一直是父母关心的话题，因为它非常具有挑战性。为彰显对于管教的看法，我特别把管教一词，拆成管与教两部分。古语说得好，没有规矩，不成方圆。管是对孩子行为举止的约束，帮助他建立规矩；教则是思考上的启发，帮助孩子理解并认真以对身边的人事物，形成尊重敬畏的态度。管与教二者并重，需要双管齐下，既要管，也要教。

自由派作风，是常被现代父母推崇的教养观。被译为《放养孩子》的一本美国作者写的书（*Free-Range Kids*，作者 Lenore Skenazy，2010 年出版），呼吁释放孩子的天性，给孩子快乐和自由。不少家长如获至宝，纷纷仿效。打着给孩子快乐和自由的口号，任孩子海阔天空遨游，认为孩子的所有行为都是天性使然，都具有天然的合理性，因而不压制、不拒绝、不约束。尊重孩子高过一切，孩子想做什么就由他做什么。孩子不睡觉、挑食，由他；叫嚷喧嚣，这是调皮的表现；孩子犯了错，别说责罚，就连指出不对都思前想后，天人交战一番。套句流行的话，没有止境、没有禁区、没有上限，对孩子放任自流。我想说，这种颇为前卫的管教方式，恐怕严重误解了《放养孩子》作者的原意。放养，不是粗放粗养，放任自流。

养儿育女有轻松甜美的一面，也有不轻松、不能放松的一面。爱孩子，建立他爱的能力，与他在爱中从容自在地过日子，同时也要对孩子进行管与教。日常生活中，不放任孩子，帮助他养成良好的生活习惯和规律的生活作息，教导他情绪管理，教导他辨明是非对错，教导他规则意识、节制和礼貌。当他犯错走偏了，要拿起父母的权柄执行管与教，让孩子不仅明辨是非对错，并且学着对自己负责，贴心回应父母的付出。**管与教之目的为的是养成孩子的自律能力，为孩子铺设自主自发行动的轨道。**

我绝对不赞成严酷教养，以管教之名，削弱亲子之间爱的连结；但我也绝对不赞成粗放粗养，对孩子无底线的放纵。我也不认为管教有伤亲子情，我认为疼爱与管教，并行不悖，恩慈与威严，不能偏废。父母角色二元性的理念基础上，需要管与教的精准拿捏，要做到**不叫孩子轻忽你的管教，不叫孩子厌烦你的责备，更不叫孩子因你的管教而受伤。**

不叫孩子轻忽你的管教

本书提出的陶冶教养框架特别强调，教养是父母的专属任务，父母有位份、权柄和责任教养孩子。为人父母，要勇敢地拿起权柄，在父母的位份上对孩子施行管教。

区分规矩的制订和规矩的执行

强调父母管教上的权威，那么父母就因而一言九鼎，孩子则没有说话的份，没有丝毫争辩的空间吗？其实不然。如前所说，令人窒息的严酷管教，不是我鼓励的。让孩子不轻忽你的管教，父母的权威需表现在**规矩的执行**上，至于定规矩，则给予孩子参与的空间，因为，孩子需要学习并了解规矩是怎么定的，为什么要如此定；孩子需要学习，用他自己的方式表达、协商与妥协。

孩子了解了家规的内涵和意义，有助于他去遵守。一起定规矩，是学习尊重和诚信的良机，而进入到执行面，管与教就要讲究地点、时机和语气。**地点的讲究，顾及的是孩子的自尊心；时机的讲究，是为了更好的管教效果；语气的讲究，是为了不致模糊管教的目的。**

当地点时机允许父母进行管教时

当孩子出现不安全、不当、脱序的行为时，**快、准、狠是最高指导原则**，也就是要及时、当场、果断，用行动直接干预、阻止。例如在公共场所乱跑嬉闹，大声喧哗，妨碍安宁，父母当然要果断地叫停这种脱序的行为。再比如孩子在停车场跑来跑去，这种不安全的行为，当然也要用坚定、严肃、不妥协的言语和肢体动作，立即阻止。拖延、不及时，类似"你太不像话了，待会儿看我怎么收拾你"这样的话，其结局很可能就是不了了之，不说也罢。一般而言，通过身体约束让孩子安静下来，通过暂时隔离让孩子离开现场，独处静思，是相当有效的方法。适当体罚，并不是教养禁忌。

当地点时机不允许当场管孩子时

朋友、家人欢聚一堂，开心享受美食时，放松下来的孩子不免人来疯，把平时的规矩抛到脑后。孩子在公共场所撒野，爸爸妈妈看在眼里，但顾及多方的因素，比如父母的面子和孩子的自尊心，很难做到及时、当场、果断的管教。这类地点时机不允许当场管教的实例，种类繁多，对家长来说，已经屡见不鲜。此时，家规的权威性，就非常关键。亲子双方形成的共识应该是，家规不会因着不同管教者、不同时间、不同地点而有所变化和妥协。外人在场或是在公共场合，并不是逃避管教的护身符，不是不罚，而是时候未到。

展开来说，孩子需要认识到规矩在任何情境下都有效，违反规矩要为后果负责。孩子也需要知道爸爸妈妈言语的权威性，他们说了算，绝对会严肃跟进。如果不听劝，**孩子不仅需要为当时违反规矩的行为认错且接受处罚，也需为没有理会爸妈制止的行动和言语，没有尊重爸妈，认错且接受处罚。**

从孩子切入，维护父母管教权

不难看出，保持管与教的一致性，高举父母管教权，说来容易，执行起来挑战不小。少子化大趋势下，每个孩子都是宝。在家族中，爷爷奶奶、外公外婆宠爱孙辈，是人之常

第五章　自律能力：行为举止的管与教

情，也完全可以理解。孩子犯了点什么错，父母还来不及说点什么，老人家就缓颊，"别太严格，吓着孩子"，孩子也往往因此有恃无恐。如果强行要求爷爷奶奶、外公外婆按照孩子爸妈的规矩办事，祖辈难免会感到不被尊重的委屈，权威被挑战的难堪。孩子爸妈那一方呢，也往往觉得为难。更麻烦的是，可别小看小小孩察言观色的本事，孩子清楚得很，谁是好惹的，谁是不好惹的。当家里各吹各的号，孩子在困惑中，也会看到可乘之机，见风转舵，人前人后不同应对，采取对自己最有利的做法来敷衍父母，父母的规矩也因此失去了应有的管束力。

如何软性地树立父母在管教上的权威性呢？首先，父母之间需保持一致。联合阵线，让孩子看到，父母是相互支持、补位，而非相互切割、矛盾的。比如，处理孩子的脱序行为时，一定要告知不在场的另一半，让不在场的另一半有机会表达支持在场者处理的意见。父母保持一致和同步，在管教时孩子便无法钻空子。更重要的是，在一方火冒三丈时，另一方可以帮忙使另一半平静下来；一方精疲力竭、情绪低落到不行时，另一方懂得接手，使另一半能喘息。

其次，运用"夫妻轴优先"的原则。夫妻双方要首先协商达成一致，然后各自跟自己的父母沟通商定。没错，事情一定不会如此理想，一定未必尽如人意，长辈们未必认同，然而，提前跟爷爷奶奶、外公外婆沟通协商，至少可以让长辈感受到尊重。夫妻双方需要持续、温和的坚持，灵活实践，不要放弃有可能达到"你（长辈）管你的孩子（爸爸妈妈），我（爸爸妈妈）管我的孩子"的目标。这样，在夫妻合一的前提下，祖父母被提前打了不要越位的预防针，祖孙关系未被破坏，自己与父母之间也因为相互尊重而保持了良好的关系，大家族涌动的暗流有可能因此得到缓解。

最后，孩子是维护父母管教权的关键成员。面对大家族的暗流，其实也是树立做父母权威的时刻。从孩子着手，测试孩子是否留心、在意爸妈平时的教导。孩子需要从小就学习并认识到，任何人都不是犯错受罚的挡箭牌，爷爷奶奶不是，外公外婆也不是。反复强调的立场，父母有责任言出必行，坚决履行与孩子共同定下的规矩，让孩子早早习于父母的管与教，并养成自律的好习惯。无论用什么方式，对于错的行为，一定要不达制止的目的不罢休，切忌半途而废。如果虎头蛇尾，会让孩子觉得可以不理会父母的反应，可以将父母的言语当耳边风，长此以往，会大大动摇父母行动和言语的权威性。

不叫孩子厌烦你的管教

将心比心，什么状态下我们会关上耳朵，不听别人说话？是否多和讲话方式有关？不叫孩子厌烦你的管教，亲子

第五章　自律能力：行为举止的管与教

之间的对话方式很重要。

管理口舌是要务

管教孩子最大的挑战，在于口舌的管理。一位朋友是这么说的："我现在都有孙子了，回想我的妈妈，对我很有要求。在她眼中，我做什么都可以找出可挑剔的地方，小到衣服没拉好，大到考试成绩，什么事都用放大镜仔细检视，看到的都是没做到、没想到的缺失。虽然有的或许无伤大雅，但就是没句好话。"面对严苛管教和事事挑剔下的批评和纠错，其心理反应往往会盖过母亲的教导内容。没错，唠唠叨叨，不断重复；没好话，不是挑剔这个，就是批评那个；稍不合意，就喷出一堆负气的责骂，或是话语中含有浓浓的焦虑、紧张、拒绝、限制，这类言语和行为传达出来的信息，最终总会导致孩子的反感和排斥，步入因人废言的泥沼。**孩子厌烦管教，往往厌烦的是说话的人，是行动的人，而不尽然是内容。**

在怒气和不耐时，愤怒的表情、刺耳的叫骂或羞辱性的动作，必定会遮盖纠错的原委，因为怒气、恶言、责打，往往模糊了管教的目的。作为家长的我们，在施行管与教时，首要注意的就是勒住自己的口舌。小小的舌头，有引发森林大火的能耐，岂能不谨慎？何况是对我们至爱的孩子。

持平面对孩子的不当行为

孩子出现脱序不当的行为，其实未必完全出于捣乱搞鬼的心态，也未必是故意为之。在他们做所谓的"坏事"，捣蛋、打人、顶嘴、反叛时，家长不妨多走一步，深究一下。是否是做事不小心的结果？是否为了引起父母的注意？还是想传达其他额外的信息？比如，孩子跟你作对的背后是否隐藏着某些渴望？是否是一种求助的信号？因此，对于孩子的脱序行为，尤其需要压住的是怒气，不要立马跳脚，大声吆喝责备加以惩罚。类似打破花瓶这样的事情，"一定是你，不是吗？还不承认？还想抵赖？"当别人误解又不给机会辩解，得到的都是负面反馈，这种情形多了之后，对于别人的劝勉和教导，孩子往往就会形成一副"我就是这样，讲也没用"的姿态，好似被贴上了负面的标签，很多事情都只会以冷漠对之了。

公平处理孩子的不当行为

"弟弟做错事，兄弟二人同时被罚跪"的新闻，屡见不鲜。牵过连坐，并不可取，往往造成孩子的困惑、委屈，心生不平，甚至破坏孩子之间的关系。一人做事一人当，一码归一码，是管教的基本原则。

用放大镜寻找孩子做得对、做得好的地方

一般情况下，人们比较容易看到别人做得不好或者出错的地方。做父母的也是如此。时时紧盯做错、做不好的时候，批评即刻扑面而来，而孩子做对、做好的时候却往往被忽视，没有及时给予表扬。何不掉转一下，用放大镜时时寻找孩子的长处和做对、做好的时候呢？用心观察孩子做得对的地方，及时给予表扬和鼓励的影响，一定是深刻而积极的。孩子受到鼓励，将来就会更多更主动地去做"对的"行为。

不叫孩子因你的管教而受伤

"不打不成材"是句中国的传统俗语，大家都熟。所以，大多数中国家庭都信奉对子女要严格要求，才能教出成器的孩子，再加上"养不教，父之过"的信念，以爱孩子、为孩子好之名，对孩子严管酷责的，不在少数。一位诚恳尽责、小心谨慎的企业中层主管，做事总是前前后后安排得妥妥当当，每个细节都抓住不放。凡事总担心出错的恐惧，不仅影响了他和同事及下属的工作氛围，也影响了他和妻子儿女的关系。直到半百，他才意识到，他这怕出错的恐惧来自何方。他的父母是极为严厉的人，从小只要他做错一点事，鞭子就下来。对羞辱、责骂和皮肉痛惩罚的恐惧害怕，深埋心底，成为他行事为人的底色。

2021年8月，上海一位14岁女学生跳楼身亡。从她留下的遗书来看，女孩平时内向乖巧，父母要求她保持好成绩，但若无法达成，得到的不是安慰或协助解决问题，反而是羞辱吼骂及殴打，认为是她不努力造成的。最终，女孩不堪忍受父母的羞辱及压力，选择轻生。她留下的千字遗书中写道："你们已经毁了我，请好好看待弟弟吧，请收手这种伤害"，"爸妈，来生别再见"。（引文一）这是多么令人痛心的事情！更令人心痛的是，这个孩子已经没有机会听到她父母的懊悔和道歉了。

然而，即便能听到迟来的道歉和悔恨，能弥平孩子受的伤害吗？2017年7月9日，在央视《等着我》这档节目中，我看到了让人无限感慨的一幕。两位受过高等教育的退休教授，在耄耋之年，为自己曾用粗暴的方式对待自己的孩子表示深深道歉，并希望节目组帮忙寻找已失联23年的儿子。节目组找到了已47岁，至今依旧单身的儿子，但他的回复却令父母凉了心，因为他表明：不想见、不愿见、厌恶见到他的父亲。

访谈中多少可以体会这位父亲年轻时的专断、骄傲和唯我独尊。我是你老子，就是你的法、你的天。父亲具有攻击性，不能控制自己的情绪，对孩子动辄打骂，更可叹的是，孩子也没有从母亲那儿受到什么保护。他们的儿子在大学毕业时寄来一封信，表明断绝关系。为了成为一个有人格尊严、能自由追求自己生活的人，他决定摆脱严苛父亲的操控和压迫。从此，再无音讯。我想，所有观众都很心痛这位儿子，他用一生的时间，去跟幼年没有选择、没有出路时父母

第五章 自律能力：行为举止的管与教

伤害所留下的创痛对抗，但时间却无法抚平这伤痕。看到两位老人在众人面前，拉下老脸，摊开他们的痛，真是令人不胜唏嘘。我不由得想起一句话："幸福的人，用童年治愈一生；不幸的人，用一生治愈童年。"

新一代的父母多有扬弃严酷教养的认识。许多父母甚至欢迎且全然接纳体罚没有借口、绝对不能体罚、打小孩只会让小孩学到怎么打人等教养理念。管教方式的钟摆，由一端的严管酷责荡到了另一端的宠溺放纵。坦白说，管教上太需要松紧有度，其中的拿捏，有时真的很不容易。养儿育女，是吃力且耗神的工作，很多时候，睡眠不足，饭都来不及吃，工作上有些额外要求，另一半又没能及时伸手帮忙，种种情况，别说同时发生，任一种状况出现，再加上孩子的行为举止出现让人气恼的情形，便足以让人抓狂。因而，做父母的需要有时间和空间，让自己的头脑保持清醒而冷静。我认为，抓住三个重要原则，练好招式，便能兵来将挡，水来土掩，面对极限的挑战。

管教的标的物是行为，而不是人

管教的第一个原则是，要分清楚管教的标的物是行为，而不是人。是那些不可取、不安全、不当、脱序的行为；是那些逞一时之快，伤害自己、连累他人的行为。在栏杆边跳来跳去，很容易摔下楼，当然要立刻制止，以免发生惨剧；不听劝时，当然要严肃跟进，处罚当然也不可免；偷窃、撒谎，或是攻击、霸凌他人，犯了绝对不可接受的错，受到处罚也是应该的。而管教的标的物不是人，是什么意思呢？管教时在话语上和责罚上，不应带有对人格的控诉、压制和羞辱。举凡公共场所的大声训斥辱骂、甩耳光、打头、拉耳朵，还有一些不及备载的暴虐方式，哪里是够格的父母应该表现出的行为？总之，父母管教要纠正的是孩子不可取的行为，而不是孩子的这个人。切忌道德绑架，损伤孩子的自尊，引发他的羞耻感。

管教针对的是故意和恶意犯错

管教的第二个原则是，管教孩子的不可取行为时，需要主动自动地查问分辨，以排除孩子不是故意和恶意犯错的可能性。孩子是故意和恶意，当然要严加管教，但更多时候他们是无意的。有时候，父母想当然地认为，孩子就应该把事情做对、做好，忘了年纪小的他们的幼稚、不知轻重、胆怯，忘了自己能力不足时的慌张，忘了自己渴望得到提点时的急切，忘了自己犯错时的羞愧和害怕。当父母放大孩子的不足，紧盯孩子做错、做不好的时候，批评即刻扑面而来，绝望、无助、愤怒的孩子，也有可能因害怕和恐惧，而被迫焦虑地表现出听话、顺从、乖巧。有可能引发其怀疑父母的爱和情感，忍气吞声，缩着小身子，等着长大，远走高飞。

管教后必须跟进的善后举动

家规的执行，难免伤和气，有时会让孩子怀疑爸妈的爱。因此管教的第三个原则是，管教之后的善后工作必须跟进。管完孩子之后，需要让孩子从你的肢体语言和话语中明白，他之所以受罚、受管，是因为做错了事或者态度不对。爸妈期待他能够守规矩，不再犯同样的错，孩子需要为违反了规矩道歉。切忌翻旧账，把孩子以前的错又拿出来数落。爱里有宽恕，旧事已过不必再提。请做到一单归一单，只看当下。

最后，用肢体语言表达你的爱，如抱抱、拍拍、亲亲额头、擦眼泪、问被打的手心还痛不痛等。这个时候，请用温和的解释展现出你的忍耐，忍耐孩子的不足，耐心等待孩子长大成熟。简言之，管教后要让孩子明白管归管，罚归罚，爸妈的爱与管教，是两码事。爸妈不会因为管教而不再爱，这个家永远是孩子的安全港湾。

面对爸妈，又战兢又自在快乐

管教孩子的行为举止，愤怒中能清醒地控制被激怒的情绪和不耐，给予适当的处置，在于平日就练好招式。当面对极限挑战时，就能做到兵来将挡，水来土掩，从容应对。

平时要有什么认知建设呢？父母一定需要看重管教，它是孩子爸妈的专属任务，别将责任轻易地就推卸给他人。夫妻之间坚持联合阵线，同心同步。

平时要怎么练兵呢？请务必勇敢地拿起父母的权柄，建立权威性，执行家规，没有什么人、事、情境是挡箭牌，需要让孩子不轻看父母的管教。但同时也需勒住自己的舌头，理直而"气"不壮。管好自己说话的声调语气和肢体动作，让孩子不厌烦父母的管教。

练好什么招式呢？管教的标的物是孩子不可取的行为，绝对不是孩子这个人，故而不要用言语、行为伤害孩子的自尊。面对孩子的脱序行为，停一两秒，分辨一下不当背后是否存有没有讲明的信息。主动地做，自动地做。管教之后要让孩子明白，爸妈的爱与管教，是两码事。擦擦他的眼泪，拍拍肩膀，不让管教伤了亲子之间爱的连结。

期待你的孩子，以又战兢又自在快乐的心态面对爸爸妈妈。他们之所以战兢，是因为需要认真对待父母的言语，在意父母的感受，对父母有敬畏之心。他们之所以快乐，是因为在父母的爱里，有安全感和自信心，可以自在轻松地过日子。战兢和快乐看似冲突、格格不入，但却的确可以同时并存在孩子对父母的感受里。

第六章

自主能力：活泼完整的自我

每个孩子都是种子，只不过每个人的花期不同

有的花，一开始就灿烂绽放；有的花，需要漫长的等待

也许你的种子永远不会开花，因为它是棵参天大树

- ◆ 苍白的人生，失重的生命力
- ◆ 确立主体性：为你所生，未必像你，绝不属你
- ◆ 独立完整的我，必须尊重
  - • 爱到深处，你是你，我仍然是我
  - • 安全焦虑中，放手才能生出独立自主
  - • 效率与省力的考虑中，耐心宽容生出活泼与自信
  - • 不打扰的成全
- ◆ 独一无二的我，必须接纳
  - • 伤害来自拒绝，解药是接纳、欣赏和肯定
  - • 伤害来自评比，疗愈未必有方
- ◆ 竭力成全孩子自主自发的发现之旅

第六章 自主能力：活泼完整的自我

苍白的人生，失重的生命力

做父母的都有要孩子赢在起跑线的念头，当然也有确保在终点站也赢的企图心。自我认知和自我形象，正是关乎如何赢在起跑线，也关乎如何确保赢在终点站的课题。帮助孩子进行自我概念的发展，是帮助他形成对自己身份、特长和价值的清晰认识的过程。因理解以致能正确评价并发展出积极健康的自我概念，对于个体的身心安舒，至关重要。很多父母轻忽了"我是谁"这个课题，重金投资孩子的起跑点，却没有留出充分的空间，让孩子的自我得到健康发展，生命动力反而受到斫伤，何等遗憾。北京大学徐凯文医师在 2016 年的调查报告中就此问题精准地击中了现代父母的痛点。

徐医师根据在北大做的调查结果，创造了一个词，"空心病"，来形容当代年轻人的病症。（引文六）能考上北大的这些年轻人，毫无疑问是优秀的做题高手，但他们却往往对现实生活是如何运作没什么概念。他们缺少追求理想的动机和动力，不知道也不在乎完成学业后的人生规划；有强烈的孤独感，感到迷茫困惑，觉得人生无意义，不知自己为何而活着；他们缺少精神和情绪的能量，对亲情、爱情、友情都无所谓；人际之间的道德感，在他们心中也好似漏了出去一样，没有感觉。

徐医师遇到的，都是人们心目中有出息的学霸型年轻人。他们在学业上的表现让父母脸上有光，走路有风，但是，他们的生命力有很多都出现了失重状态，过得苍白贫乏。在生命力最为旺盛饱满的人生阶段，却失去动力和方向，少了色彩和温度。我们不禁要问，在他们身上究竟发生了什么？失重且苍白的人生，究竟隐藏着什么样的呐喊呢？

"空心病"一词的提出，引起很多父母的共鸣，造成了一股讨论的热潮。面对心爱的孩子出现的颓废躺平，父母们就像一拳打到棉花堆一样，完全使不上力，不仅束手无策，而且伤透了心。不幸的是，医师也没有解药，专业医师不禁因此心生无力感。其实，人的生命力不会一生下来就失重，那么，我们需要谈谈，发生了什么事，以致这个"自我"没有好好地展开，没有随着年龄长大成熟？

确立主体性：为你所生，未必像你，绝不属你

看待孩子，很自然地就会生出孩子来自我腹，从我而出，"是我的"的心态。我有义务尽我所能全力保护，不容有一丝闪失，不容他受到任何人伤害。这是一份很美、很令人动容的情感承诺。

而怀胎生子最为奇妙的是，孩子由你腹中所出，但生出

来的模样、个性、天分等，父母全然没有太大的决定和干预空间。腹中的孩子到底取了爸爸的哪一部分，妈妈的哪一部分，到现在我们也不能确知。现实生活里，生下和自己性格、天分完全不同的小孩，屡见不鲜。即使同父同母的兄弟姊妹，也经常有着南辕北辙的个性和爱好，甚至同卵的双胞胎之间，也都有明显观察得到的性格和行为表现差异。基因科学家试图突破并干预，但到目前为止，可以说仍有漫漫长路在前面。

当我们认识到生命的奥秘，以敬畏之心看待腹中所出的生命时，每位孩子的到来恰是给予做父母的一个合乎中道地看自己、待孩子的美妙契机。全新的亲与子的互动往来，不仅挑战父母的固有观念，更提供学习新知的动力。可以说养儿育女是一个互相刺激，一起学习，共同成长的过程。

腹中所出，未必像你，并没有太多干预空间，告诉我们一个事实，每一位到来的生命，都自有他的一份独特。用产权比喻亲子之间的关系未必恰当，但比较容易突出我想表达的观点，即父母对孩子有的是管理权，而非所有权。当我们从产权的角度思考亲子关系时，我们就应将被管理者的权益放在中心位置，**管理者的责任是时时思考如何能够以忠心良善成全被管理者的最大利益，才算不负所托，善尽了管理者的责任。**

心理学家贝拉·阿姆斯特丹（Beula Amsterdam）在

1972年对婴儿进行了一系列的"镜中自我辨识实验",又称为"胭脂实验"(rouge tests)。他发现小不点儿到了一岁多蹒跚学步之时,开始有"我"的认知,开始区分"我"和"他"。小不点儿会通过各种不同的行为和姿态,通过与身边重要他人的比画动作,将有别于他人的"我"表达出来。随着年龄增长,孩子的身体发展和协调能力逐渐成熟,通过在日常生活中与重要他人持续的往来互动,"我"的主体性于焉展开。主体性是什么呢?**主体性**指的是:我是个独立的人,有独立于他人之外的位格。而至此,漫长的主体性的发展过程,孩子不断与家人和社会互动,健全健康的"自我",端赖正确的引导。一旦陷入误区,自我的发展就会受限。

就家庭而言,持着产权所有误解的父母,很容易落入孩子应是我的翻版、我的缩小版的误区,要求孩子以父母的偏好为偏好,以父母的好恶为好恶,以父母为人生标杆榜样,最好成为父母的延伸品,父母的复制人。

持着产权所有误解的父母,很容易会根据自己的渴望,安静但积极地对自己孩子进行改造,添加各样增值方案,将孩子打造成心目中渴慕成为的人。

持着产权所有误解的父母,一旦不满意自己的产品,不能接受自己所生的孩子,很容易尽其所能对孩子进行各样干预,设下各样约束管制。不时对着孩子脱口而出:"我怎么

第六章　自主能力：活泼完整的自我

生出你这么个蠢货？""怎么你长得就让我这么丢脸？"

活在父母阴影下，被嫌弃而充满了羞愧的孩子，活在被视为替代品的生活中，多半无法欣赏自己，尊重自己，接纳自己，往往找不到自己的价值。因为他们的动力和安身立命的基地受到了压制与侵蚀，没法灿烂地活出原本的自我。

独立完整的我，必须尊重

自由意志是人很奇妙的天性。小家伙呱呱落地的那一刹那就标示着他的自主性。天下父母都不会忘却孩子出生后的猜谜大戏，刚出生的婴孩还分不清自己和外在世界，然而在全然无力和无助时，就已不断地展示了他的自主性，要大人了解他的需要、回应他的需要。所有的父母都会注意到小不点几乎在他们懂得抓东西的时候，就开始宣示所有权和主权，"给妈妈"，他不会很自然地把抓到手的东西拿给妈妈，"来，给爸爸吃一口"，用力摇头同时将东西拿开表示不。一两岁话都说不清楚的时候，他们真有办法用姿态指挥父母，他想要这，他想去那，更会通过各种情绪表达出"我"的需要和期待。其实那时孩子未必有清楚的自我认知，明白"我"和"你"的分别，但却已经明确地提出了"我"的诉求。

爱到深处，你是你，我仍然是我

许多父母在孩子"自我"的发展成型过程中，不自觉地忽视，甚至毫不客气地碾压孩子的主体性。对孩子主体性之漠视和碾压，最常端出的理由就是"爱"。爱到深处，拒绝让孩子成人，令孩子无法呼吸。在这样的父母眼中，为孩子代劳，是爱他；纠正孩子，提点他，是为他好；打断、干涉孩子生活的方方面面，是好意；漠视孩子的表白、偏好，是为保护他。种种作为，对与孩子应保持的界线视若无睹，以为是为孩子好，实际却让孩子倍感压力和不被尊重，主体性被狠狠压抑以致不能成熟。

生长于阿根廷，在以色列和美国工作的家庭治疗结构学派大师米纽庆（Salvador Minuchin，1921—2017），将**心理界限**定义为每个人心理上所能接受的极限，超过了某个范围，就有勉强和受压的感觉。界限之所以必要，是因为即或是家人，也都是一个个独立个体。为了避免勉强和受压，需要通过日常生活的往来互动，划出我的所属相对于他人的所属的界线。亲子之间的爱和关怀，也必然需要认真面对因双方都是独立的个体而存有的界线，无论心理或实质界线，都应受到尊重。

爸爸妈妈认识到孩子是个独立的个体，可以有意识地在孩子很小似乎未必懂的年纪，就教导他认识我和他人之间的区别，学习尊重别人，也保护自己。举例来说，我的玩具和他的玩具是有分别的，要玩别人的玩具或拿别人的东西，要问过，得到同意才能拿。更重要的是，教导他如何看待自己的玩具，自己的玩具或东西，除非取得他的同意，别人不可以拿去玩。如果未经同意就拿走，他要勇敢地阻止并且要回来。父母可以举一反三，教导他在生活中的各样情形，都应存有一定的界限。注意孩子"自我"的成长和发展，从幼小之时就应养成尊重并护卫人与人之间界线的习惯，包括实质的界线和心理的界限。

安全焦虑中，放手才能生出独立自主

也许父母又会端出出于安全考虑的理由。孩子的好奇心和探索，是天性，也是成长的一部分。坦白讲，父母对孩子的好奇心和探索行为，有安全、效率的顾虑，也有务实的考量，是很自然的。当小小孩的活动能力日日提升，对四处开始充满好奇地探索之时，父母的担心、紧张很自然也随之提高，生怕一个不注意，不知天高地厚的宝宝会发生意外。社会新闻不乏极为心痛的报道：幼童找妈妈从高楼的窗台摔下，玩耍时从阳台间缝掉下，模仿超人飞天从天台坠落，在家附近被车撞，被热汤烫伤，等等，不一而足。

安全考量有什么不对呢？谁能经受得了孩子被电到、被烫伤、从高楼坠下的痛苦呢？不让他做，是为了确保他的安全，因为他不知危险，不知轻重，不知人心险恶。"他哪里知道什么对他好，我是他爸，我不指点他，万一有个什么差池,谁负责?""抓在自己手上,比较牢靠,不是吗?"这样的说辞看似是为孩子好,但在我看来,这些出于安全顾虑的作为,也释放出看扁孩子的信息,意味着不许孩子长大,在我的框里发展就好。当父母不信任孩子,用自己的手掌掌控孩子,不允许孩子的自我自然地展开和成长,剥夺孩子发现自我的能力和享受成就感的机会时,孩子很有可能出现强烈的逆反心理:每次都说我不行,那我就是差,就是没用,毫无价值。还记得美剧《吉尔莫女孩》(*Gilmore Girls*)的主角吗?这位叛逆女孩,有个想控制她人生的母亲,她有句经典台词:"我已经分不清,想干这件事是因为我自己想,还是因为母亲反对。也许凡是被母亲反对的事都是我想干的。"

一位年轻朋友 Daisy 这么回想她的经历:"我一切都是为你好","听我说,他不适合你"……从小到大,父母对 Daisy 的人生,有个完整的规划和安排。她的哥哥和姐姐,也总是顺从父母期待,念该读的科系,在对的时间结婚。身为家中的小女儿,Daisy 从小被教育要乖巧才叫懂事,大学毕业后依然有门禁。她在家人眼里看到关心,但更多看到的是不信任。为了争取自己自由,她曾抗拒:"我不是哥哥或姐姐,再这样管我,我要割腕!"父母虽然惊觉小女儿长大了,但沉重的关心依然没有移开,反而越加逼她接受顺从。Daisy 把情绪压抑在心,变得敏感焦虑,越发不快乐。开始工作后,Daisy 的生活枯燥,看似职场顺遂,但只有她自己知道已经对生活失去了热情，不知道为什么而活，不懂自己要什么。30岁这年，Daisy决心和爸妈分手，就算前方荆棘不断，她也要一刀刀开辟自己的道路。她选择出国到了澳洲，重新振作，整个人看世界的角度与心态都变得正面积极、热情开朗。就此，Daisy做了这样的总结："想想我要鼓起多大的勇气，才能找回自己。"（引文七）

为人父母的角色，应该是像孩子正开着他的车，奔向他的未来，而爸爸妈妈只是坐在旁边的副驾驶。孩子上了车，开始不熟练，开得让坐在旁边的人紧张万分，但还是得让他开，毕竟这是他的车，他的旅程，在他不熟练或弄不清方向时，父母只需要指点提醒就好。选择放手让出空间，由孩子坐在驾驶座上，并不是没有犹豫的，父母需要有定力，相信孩子，做个忠诚的副驾驶，不抢方向盘、不代踩油门、不代拉手刹，孩子最终会做个让你放心的掌舵者。爱孩子，底线在于不打压孩子的好奇心和独立自主的天性，让孩子自然无矫饰，在具备安全意识后，生发出自力更生的能力，踏实走过人生。

《放养孩子》的作者在2021年又出版了新书，其副标题便清楚地将焦点放在教导父母和老师如何放手，如何让孩子成长上。无论是父母还是老师，都需要懂得，经由放手，才能腾出空间让孩子在闯荡中成长，才能让孩子按照他的节奏去发展。

效率与省力的考虑中，耐心宽容生出活泼与自信

效率和省力是父母为孩子做各种事情常端出的第三种理由。"时间不够呀，又只有一双手，那么多事，怎么办呢？""孩子自己吃，搞得乱七八糟，清理起来反而更麻烦，不如大人喂，干净利落又迅速。""孩子自己绑鞋带、扣衣服，看那笨手笨脚、慢吞吞半天搞不顺的样子，还真急死人。""玩泥巴，太脏了，不许玩。""洗碗只会把衣服弄脏，把碗打碎，还是算了吧。"什么事都不可以，理由一大堆，用阻挠、禁止的方式，让孩子什么事都被包揽。不可否认，养儿育女时考量效率，也是务实的想法，只不过父母需要拿捏分辨，是否因此而破坏了孩子好奇的天性与学习的胃口？是否因此剥夺了孩子观察环境、认识他所生活的世界的权利？是否也剥夺了他增强自理能力和解决问题能力的机会？

其实，孩子是有选择的权利的。三岁的孩子吵着要吃可口诱人的蛋糕，妈妈知道蛋糕内有让孩子过敏发作的成分，因而阻止。孩子当然不肯就范。妈妈认真地提醒孩子："你还记得上次过敏发作的经历吗？你是不是很不舒服？"进而告诉孩子："你可以选择吃，不舒服时妈妈会带你去医院；你也可以选择不吃。你自己决定。"在这一连串"你可以"之下，孩子想了一会儿，决定不吃。你给出多少选择机会，信任孩子多少，他就有多自信，多勇敢。亲子之间互动的定律是，爸妈做得越多，孩子学得越少，爸妈抓得越紧，孩子学得越慢，爸妈越采取宽松政策，孩子的可塑性、好奇心、探索欲、创造力也就越强。

不打扰的成全

美国的米尔斯学院于1958年开始多年的研究计划，发现自我发展得越好，就越有洞察力，既能独立也能信赖他人。他们自信且自我接纳，勇于追求实现自我，也能承认内在冲突，对自己的人生兴致勃勃。遇到困难，能想出替代的方案，有勇气去改变。其中特别有成就的一群人，尤其感激父母的关爱和鼓励，信任和不打扰，因为不压制他们的感受和天性，以致他们的自我发展没有受到太多的阻碍。

读到这里，家长们或许仍有些摸不着头脑，怎么做才是表达对孩子主体性的尊重呢？可不可以具体些？没错，我列出的不越界、放手、耐心宽容和成全，的确看似不够具体。对这些看似不够具体的建议，**家长们可以大胆些，把握住原则而行**。不打扰的成全意在让为人父母者放下自己的期待，回到孩子本身，依循孩子的偏好成全孩子，而不是父母自身。怎么把握原则去摸索呢？容我这么说，就是得以耐心、宽容和成全的心态，尝试通过分享、沟通、说理、讨论，让孩子有充分表达的机会，让孩子有被您说服的机会。有时谈不出结论，更要有咬着牙也要勇敢地让孩子按照他的想法去做的心理准备。如果你一时做不到，或根本不以为然，不想做，我会提醒，不妨回想一下自己在这个年纪时，当你父母用贬抑和拒绝对待你时的感受。基本原则就是：**关乎孩子的事，孩子有发言权和选择权**。将心比心，你会努力做得更好的。

独一无二的我，必须接纳

对父母而言，孩子出生的模样、气质，以及外貌、体型、天分，是孩子与生俱来独特的一份，称之为独特性。不仅前无古人，后无来者，世界上也没有另一个他。**在旁照顾陪伴孩子的成长，是探索认识以及接纳孩子独特性的过程**。坦白说，孩子与生俱来的独特性，不仅父母没法干预和选择，孩子更是没有选择权。自我的独特性不被接纳、不被欣赏肯定，是对孩子最大的不公平。

我看到过一位清华教授对女儿的评语，充满了对女儿主体性的尊重和认同，对女儿独特性的接纳和欣赏。她说："我的女儿虽然成绩平平，在他人看来可能毫不出彩，但在我眼里，她自有她的出色之处。她对优秀影视作品的鉴赏力与领悟力，远超同龄的孩子，对于一些政治与社会问题的判断，也胜过许多脑袋空空的成年人。"（引文八）好一个幸福的孩子，她有位自在与自信的妈妈。

伤害来自拒绝，解药是接纳、欣赏和肯定

许多孩子的自我成长受限往往来自父母的拒绝，或许有父母会说："我爱他都来不及呢，怎么会拒绝自己的孩子呢？怎么会贬抑自己所爱的孩子呢？"的确，爱孩子，希望他成材，鼓励督促不会少。但当和自己期待不符的时候，不接纳、失望和挫败就会袭来，忍不住动手加工复制，往往亲手制造了辖制孩子独特性的铁笼。

　　小通就是个典型的例子。要进小学了，妈妈偶然发现小通大字不识一个。之前买的很多童书，睡前和小通的听书必读，不知都飘忽去了哪里。父母带他去了专科医师那里咨询，妈妈这才回忆起小通似乎不曾单脚跳，也不踢球，不喜欢骑脚踏车，在看图画书时，小通似乎在读画，对字却没什么反应。经儿童发展专家评估，小通爸妈得到了一些及时的帮助，学习到如何帮助小通阅读推理，帮助他协调连结眼所见文字、耳所听声音与文字的意义。妈妈耐心地引导小通学习。但是，爸爸不能接受，"我是个美国知名大学的机械专业博士，我生的儿子怎么会数理不行？怎么这么大了还不识字？一定是医师弄错了！"他总是大吼大叫地教孩子跳绳；小通打羽毛球时接不到球，他不管三七二十一，就在众人面前把孩子叫到一边罚站、训斥。

　　面对爸爸的不接纳和负面情绪，小通选择逃避，只要爸爸一大声，小通就将耳朵关起来，躲进自己的世界。开朗活泼的小通不见了，他开始对爸爸很不满，很疏离，但又无法挣脱，最终自愿选择赴美上中学，忍受离乡背井的孤单寂宽。高中时，小通抽大麻、喝酒，书当然念得不好，但学校倒是看到他艺术美学方面的天分。一次小通犯了学校的禁忌，为了不在高三最后一学期被开除，校长选择让小通用一幅 150mm×100mm 的油画作交换。

　　小通的例子让我们看到，当对孩子的"我"做了根本的否定时，必然会击打孩子对自我的认识和理解，使孩子诚惶诚恐地过日子。没了信心、失了安全感、处在过度自我指责的同时，对外也不知如何自处。当孩子发现对父母的否定无法反抗、申诉无门，又无法按照父母的要求达标的时候，大概率会直接自暴自弃。"我"怎么不是爸妈心目中的"他"？当体会不到自己的价值和能力，失去为自己努力的动力时，孩子的"我"便躲藏起来，被压住、锁住了。

　　小通之所以能由逆转胜，有两个关键原因：首先是妈妈的支持、陪伴和耐心引导；其次，眼睛被打开的爸爸放弃了强迫儿子选择学术或数理工程的念头，开始欣赏儿子的艺术天赋并引以为傲，他改变了自己的观念和态度，从不能接纳，到鼓励欣赏，并与妈妈同心支持儿子。

　　在父母的接纳、欣赏和支持下，小通的真实自我得以全然绽放。他甚至在大学时成了校拳击队成员，校刊常驻编辑。大学毕业时，他决意依靠自己的才能自食其力，请妈妈给两到三年时间，允许他不找正规的工作，而是独立接案挣钱。他勇于面对挑战，爸妈给的紧急基金，他分文不动。每天清晨四点半起床，走二十分钟搭地铁，赶着六点到拳馆教拳赚取生活费，风雨无阻，不曾迟到。教拳击之余，他一周发六十封毛遂自荐的电邮，后来发现没人回他电邮，就改为打电话，视被拒为常态。他的独立自主让父母在担心之余，也更加坚定了信任他的勇气。不负有心人，小通慢慢地开始有案子接，案子时多时少，小通学习在挫折和不确定感中持续前进，不言放弃。时间到了 2021 年，小通已经成长为一名持照拳击教练，且是纽约一位出色的视觉艺术家，任职于一家颇具规模的国际公司，还成为法国和美国导演分镜的合作伙伴。经过多年磨炼，小通朝着他有兴趣的方向不断前进，对自己的信心也不断增加，长成了一位有担当、有动力的成年人。从拒绝接受孩子的缺陷，到逐渐接纳、欣赏和肯定不完美中的美，小通的爸妈终于静待独一无二的小通长成了参天大树。这真是让人欣慰又欣喜！

伤害来自评比，疗愈未必有方

用邻家孩子或者社会楷模作标杆，激发孩子的荣誉心，激发他向上的动力，达到"有为者亦若是"的效果，是一般人常用的方法。但在实际操作的过程中，这种评比却往往未必能达到激励的效果。一位站在众人面前忍住泪水的男士分享道，他是长子，夹在出色的姐姐和弟弟中间，父母亲总以姐姐和弟弟为乐为荣，而提到他时，父亲总会说："我这个儿子没什么，就是很老实诚实。"而在他看来，老实诚实就是笨傻、什么都不会的同义词。在众人面前、家人面前，他总觉得羞惭，嫉妒姐姐和弟弟，对自我的认知相当低。他漠视自己、否定自己、不喜欢自己，小学时就学会作弊、说谎、仿冒父亲的签名。这些成长中因自我认知低下而导致的自暴自弃一直跟随着他，甚至也带入婚姻和工作，让他痛不欲生。

家庭咨询和辅导常指出一个深刻的事实，受伤的自我多来自评比。当自我的独特性不断被拿来评比、较劲、挑战，受伤的总是被比下去的那位。一位女士曾向我诉说，妈妈随口说过的一句话，"怎么同一件衣服，穿在别人身上就那么好看，穿在你身上就完全不是那么一回事"，曾深深刺痛一直是学霸的她，直到成年都未曾忘记。评比较劲中成长的孩子，嫉妒、虚荣、爱面子，往往通过胜过别人来建立自我。如果不成，就否定自己，放弃自己。评比，带来的是疗愈无方的痛，是所有人都应该绝对避开的行为，何况是对所爱的孩子和家人。

竭力成全孩子自主自发的发现之旅

想让孩子的自我得到健康的发展，我只有一个建议：**不剥夺**孩子发现之旅的成就感，**不浇灭**孩子发现之旅的乐趣，

第六章 自主能力：活泼完整的自我

竭力成全孩子自主自发的发现之旅。

每个父母都需要对孩子的主体性认真对待，对他的独特性欣赏和成全。当小不点儿乐于尝试自己做一些事时，要全力克制自己，不以爱孩子之名，不以出于安全的焦虑，不以出于效率省力的考虑，给孩子带来含有毒素的捆绑、辖制和压力。放手让他在尝试中体会并发展出自主的感觉，意识到自己的价值，是父母时刻应该提醒自己的。

成全孩子的发现之旅，更需要父母有将心比心的宽容与宽恕。家长或许会问，什么是宽容与宽恕呢？这其实很具体，不抽象。当孩子力不从心时，表现体谅；当孩子不自在和胆怯时，表现同理，不嘲笑、不揶揄；当孩子尴尬和局促不安时，适时解危接住他的情绪；当孩子犯错后，要懂得宽恕，协助反省、思过；在他再犯时，毫不犹豫，拿起家法，要他知错认错。父母的宽容与宽恕，还表现在不计较、不追究、不追债。种种这些作为都能够显示出对孩子主体性的尊重。

记住，孩子并没有机会选择他的资质、体貌甚至性向，他的独特性是被动地赋予的。任何人都没有资格对他的独特性指指点点，他的父母当然更没资格。反而是父母的接纳、欣赏和肯定，能够让孩子的发现之旅增添乐趣和动力。实际上，父母口头和行为举止中的贬抑、拒绝、漠视、碾压，不仅对孩子极不公平，也是对自己的不满与拒绝。伤害来自拒绝,伤害来自评比,坦然接受并成全发现,才能避免双输的局面。

自我发展是个过程,而父母对自身角色的拿捏,影响极为深远。本章并没有提供固定的方程式,而是鼓励为人父母的,以宽广和宽松的心态,静待小苗茁壮成长。孩子顽强且抗挫的生命力,在于从小有机会让自我的主体性和独特性能够活泼完整去展现。

第七章

自主能力：探索的机会与空间

这世界处处充满奇妙有趣的事物

需要有足够的机会和空间，让人自己去发现和探索

- ◆ 机会之窗,成就之乐
- ◆ 不是机会的机会,不是空间的空间
  - • 无关父母的面子
  - • 无关父母的焦虑
  - • 无关父母的补偿
- ◆ 天人交战的休克疗法
  - • 颓废的空间
  - • 跌倒的机会
- ◆ 辅助和支持
  - • 提供辅助功能的脚手架
  - • 接纳孩子的不足
- ◆ 享受自主自发的机会
  - • 孩子的主动是判断基准
  - • 父母先抛橄榄枝
  - • 信任中塑造诚信品格
- ◆ 探险之旅与发现之旅:旅途愉快

第七章 自主能力：探索的机会与空间

机会之窗，成就之乐

小小孩一向好奇心爆棚，他们去闻、去咬、去拨弄、去凝视，很专心地听周遭的声音。小宝宝会把手里的东西扔出去，示意大人拿回来；大人捡回来放回宝宝手里，他又会再扔出去。如此反复，乐此不疲。他在做什么呢？他是在观察学习丢东西这个动作是怎么一回事，也在试探外围的成人对他的动作有什么反应。他们喜欢玩躲猫猫，喜欢各式玩具和游戏，手指不时指向想要的东西，东看看西走走。他们不时会带给大人们惊讶，小不点儿居然知道家里何处藏着好东西！孩子不仅尝试做新事，而且像海绵一样，不断地观察吸收和模仿，让爸爸妈妈惊喜开怀。

从翻身到爬，独自坐稳，再到站和蹒跚学步，这中间爸爸妈妈从随侍在侧，保护不要受伤，到慢慢放手，让他自己爬、站、走，并为他的每一个小小进步鼓掌喝彩，其实都体现着父母对小婴儿自主性的尊重。小小孩从妈妈手中抢来汤匙开始尝试自己吃东西，即使吃得慢，又弄得乱七八糟，但当看到他将食物成功放入了嘴中，爸爸妈妈还是会不禁鼓掌叫好。小小孩抓着围栏努力想站起来，终于有一天自己站起来了，笑逐颜开地享受成就之乐；又有一天发现自己放手可以站稳了，虽然只有短短的两秒就坐下，仍然忍不住"哇"

的一声，惊喜得手舞足蹈。第一次扶着把手走上楼梯，第一次自己绑好鞋带、自己扣好衣服，那种自豪中透露的喜悦，真是动人无比。孩子成长过程中每一个类似的第一次，总会让爸爸妈妈津津乐道，眼里口里充满欣赏和鼓励，欣赏他的好奇和探险，鼓励他的尝试和突破。父母是如此自然地给予孩子机会与空间，让他由尝试中发展，尝试中尝到自主的喜悦。

回到《放养孩子》这本教养畅销书，作者倡导"释放孩子的天性"，呼吁父母给孩子闯荡的机会，不必全程保驾护航。其实，早在1964年瑞士的儿童发展心理学大师皮亚杰（Jean W. F. Piaget，1896—1980）就已经提出"要了解就必须去发现"的学习论点，对孩子而言，这世界处处充满奇妙有趣的事物，需要有足够的机会和空间，自己去发现和探索，从而表达自己的需要，发展自己的自主自发能力。

但当我们谈及用开放的态度，给孩子探索的机会和闯荡的空间时，不免疑惑，落实在日常生活中，什么是应该给孩子的机会？什么是孩子应该保留的空间？父母固然不想扼杀孩子的好奇心，但是机会和空间各式各样，父母想给且能给予孩子的也会有各样考虑，有时也挺为难的。本章的策略是，采用排除法，首先排除扭曲错误的机会和空间，进而我要提出极端挑战下，让父母陷入天人交战煎熬状态时的机会与空间，讨论痛苦中必须放手时的回应，最后让我们再回到一般状态下，父母给予孩子机会与空间的态度和做法。

第七章　自主能力：探索的机会与空间

不是机会的机会，不是空间的空间

我们都明白给孩子机会与空间的道理，但在涉及生活中的实际操作和行动时，却往往陷入许多误区。父母出于对孩子的爱和关心，不经意间会踩到一些"暗雷"，这些暗雷往往腐蚀了父母给予孩子机会和空间的初心。不必讳言，在父母自认给予了孩子机会和空间的内心，有可能存有隐而未现的私心，例如一丝丝的虚荣心，对从前失去机会的补偿心理，竞争焦虑下的揠苗助长心态，抑或是内心深处的种种不安全感。对于这些掺杂，我的意见是，不必自我控告，更不必否认，承认它，面对它，直视自己的动机，反而有助于认真面对灵魂拷问：给孩子的机会和空间，为的是孩子吗？他乐意吗？准备好了吗？背后有隐藏说不出的焦虑吗？据此，我提出三个"无关"，以使为人父母者更真实更纯粹地给予孩子机会与空间。

无关父母的面子

拔苗助长的故事我们都知道，看似可笑，却经常出现在养儿育女这件事情上。比如俗语有云"三翻、六坐、九扶篱"，于是不少新手父母就会用这个指标刻意去训练小宝宝三个月**前**翻身、六个月**前**坐得稳、九个月**前**扶着站，一旦孩子没实现，就着急着慌地到处求问。等到要上幼儿园，又安排着孩子**早点**学算术，**早点**开发脑力学创意，小小年纪就认得 100 个字，甚至背诵唐诗 300 首。真牛！没错，我们都希望孩子成功，也为孩子出色的表现感到自豪。但是，如果反过来为着自豪感，就替孩子超前部署，由此期待他表现出色，傲视诸亲好友，真的好吗？那就因果倒置了。对于以给孩子机会和空间之名的各类"超前部署"，父母要做的灵魂拷问是，孩子准备好了吗？乐意吗？

无关父母的焦虑

为着不让孩子输在起跑线，为了自己不被孩子的意外之举吓到，为了不浪费时间精力去处理孩子可能惹出来的麻烦，诸如此类心态，父母会自动加码，做很多预防措施，用以装备、保护孩子，以减轻自己的焦虑。当然这些心态并不是什么大错，但对孩子而言，是绝对的不公平。因为孩子是在不明就里的情况下，背负了父母的焦虑，而这是父母的焦虑，并不是孩子的焦虑。

出于安全与效率考量的焦虑，以及未雨绸缪引发的竞争焦虑，其危险之处在于，担心和焦虑这种心情会让人自动内卷，如螺旋一样不断上升。当人们开始焦虑安全、效率、竞争时，会尽最大努力，不让担心的事成真。努力的同时，又担心自己做得不周全，紧绷的弦会拉得更紧。长此以往，焦虑水平会随着孩子的成长，像螺旋般不断飙升。坦率地说，所有由焦虑出发为孩子铺设的机会与空间，都不是真实的机会与空间，而由父母的焦虑衍生出来的行为，却往往成为孩子难以挣脱的枷锁。面对内心可能有的各种焦虑，唯有让父母放手一次，发现担心的事没有发生，才有机会打破这种恶性循环。

无关父母的补偿

"小时候很羡慕同学能……""小时候常想，等我长大，我一定要……"小时候得不着的，当自己有了儿女后，倾全力栽培供应。第五章已经指出，补偿心理下的爱很容易夹带道德勒索。同理，给孩子机会与空间，更要查验自己是否带有补偿心理，以免对孩子不经意地生出道德勒索。

天人交战的休克疗法

前一章，我用 Daisy 和小通的例子述说孩子挣脱爱的枷锁后的自我发展。无论 Daisy 还是小通，他们的底气来自坚持，他们的父亲是被动地接纳为自己理想奔走的孩子的。Daisy 和小通都走过不容易的路，而他们的父母能选择放手，让孩子走他们自己的路，也因为这样的选择在可接受的范围内，对他们来讲，风险不大。然而，至少有两种情况下的放手，会让父母陷入如同天人交战般的煎熬，可说是痛苦更胜百倍。所谓明知山有虎，孩子偏往虎山行，屡劝不听，拦都拦不住，不得不无奈放手，让孩子走向悬崖，走向幽谷。

颓废的空间

近些年来，空心病、啃老族的现象在各国社会都屡见不鲜。看到孩子长期颓废躺平，劝他振作，却毫无回应，做父母的岂能不艰难痛苦？我深知其中的滋味，因为十多年来我曾持续试图帮助一位年轻人，也和他快要放弃的父母协谈，可以说无论就学、找工作甚至财务上，这位年轻人身边的亲人都不吝适时伸出援手，试图将他拉出我们认定的泥沼，但仍无济于事。这位年轻人在三十岁出头的一天，因为工作上的挫折，愤而辞职，但离职后他就再也没有回到职场。他在家里啃老，把自己关在房间里，不准家人进入，打扫都不行，直到肚子饿了才会开门找东西吃。他情绪暴冲，让父母害怕。我曾经建议他的父母给他一笔钱，让他离家自己住，这样或许能慢慢使他独立自主。但他不同意，拒绝我们自以为聪明的建议。这几年观察下来，他似乎有极深的恐惧和愤怒，不想承担什么，想保留的只是独处的空间，但独立自主不是他的选项。做父母的只好由他，毕竟是他的人生，他有权为自己做选择。到了这个地步，追究怎么会走到如此颓废的这一步，似乎已经没什么意义。他的父母仍然要过日子，只是，心中的痛和不解，盘踞在心，并无答案。

跌倒的机会

中国有句俗语叫"浪子回头金不换"，但在现实生活中，更多的浪子是败光了家产，跌到头破血流也不回头。为避免

第七章　自主能力：探索的机会与空间

有人对号入座，就不举现实生活令人心寒的真人真事了，容我借用出自《圣经》、广为人知的浪子回头的故事作为例子。

一位牛羊牲畜极多的父亲，有两个儿子。大儿子参与家庭事业的经营，努力勤奋；小儿子四体不勤，五谷不分，花天酒地。后来小儿子觉得在家还是太拘束，向父亲提出分家产独立闯世界的愿望。根据当地的文化，分家产的要求类似于诅咒父亲去死。做父亲的要如何做呢？我试着揣度一下。一、将家产分给他，他离开家，如何花用，如何过他的人生，已不再跟我有关，到死我也不管了。二、将家产分给他，他挥霍光，万一他潦倒时后悔想到家，自己若还在世，或可再见到儿子。三、坚持离世后分产，届时他好他歹，我都看不到，不再关我事了。但现在拒绝分家产给他，就得忍受在家天天看到这个游手好闲、挥霍没有节制的儿子。分还是不分？真是天人交战。

这位父亲最终将家产分给了小儿子，小儿子腰缠万贯地远走他方。这位父亲的决定有点赌的味道。他赌什么呢？我觉得作为父亲，他赌的还是万一小儿子潦倒时后悔想回头呢？万一他那时还活着呢？务实地看机会实在渺茫，但是父亲愿意赌，做父亲的仍然决定给孩子机会，让儿子为自己的行为负责，同时也给自己机会，能亲眼盼到儿子悔改回家。《圣经》中这个故事的结局是，小儿子最终潦倒而归，父亲依然张开双臂接受并接纳了小儿子。这段浪子回头故事，固然让人唏嘘。然而所有为人父母的都得面对的是，舍不得的父母并不能代儿子的人生负责。这是一种天人交战的放手，放手让孩子跌倒，放手让他自己想办法站起来，即或无法站得起来，也是孩子自己的人生。

辅助和支持

这么说，父母的角色该是什么呢？坦白说，人类个体的成长发展确有常模。在常模范围之内，有些小朋友快些早些，有些小朋友慢些晚些。但快和早并不意味着父母应该很得意，慢和晚也不表示父母需要担心。因此你要问我什么是给孩子的最适宜的机会与空间这个问题，我想说并没有一个刚性的答案，靠的是父母对孩子的观察。平时多观察、了解孩子的学习进度和心智成熟度，在他能力所及的限度内挑战他，让他自己实践并发现规律，从不懂到懂，从不会到会，这就是最好的辅助和支持。简单而言，父母要有两种态度。

提供辅助功能的脚手架

形象的说法是，孩子就如同还没施工成型的建筑物，施工过程中需要鹰架作为工作平台，提供足够的支援。为人父母的角色，就如同搭起来的鹰架，通过示范与协助，来帮助孩子成长。成长有其时，需要耐心等待，发展有节奏，身旁的重要他人，得掌握他实际能力水平落在了何处，才有基准成为他有力且适当的鹰架，在关键点上助他一臂之力，引导其下一步发展。这是出名的鹰架（scaffolding）过程（鹰架俗称脚手架）。把握住维果茨基的"近侧发展区"概念，在孩子能理解的成熟度内挑战并指点他，帮助他提升尚未掌握的能力。要恰恰好，不宜太难，也不宜太容易。正如宝宝很努力地想翻过身来，尝试了很多次没成功，爸爸轻轻推一把，他便成功了。相信孩子会借着这种小小的成就感不断练习，直到新的能力高度，

脚手架是动态的，而非静止不变的，需要时时刻刻根据孩子的进度进行调整，达到最佳程度地帮助孩子，尽到"最佳脚手架"的责任。但请一定谨记，这是孩子的赛场，**请让孩子自己打比赛，切勿擅自下场**。父母的角色是帮助者、辅佐者，为孩子提供适时、适当、恰到好处的帮助和提点。更不要拔苗助长，给孩子太难、太高深、超越他能力范围的题目。总之，无论从理论或实务上都发现，让孩子自己去发现问题、想办法解决问题、测试他们的办法，自己得出结论，以及通过玩乐或日常生活获得的直接经验，是最为有效的赋能（empowering）。父母会发现，孩子在这些过程中充满想象力，只要做好恰到好处的辅助，他们会充分发挥自己的好奇心、主动性和独创力。

接纳孩子的不足

孩子对陌生事物、环境有不少的不自在和胆怯，他在学习新技能、新本事之初，多少有些笨手笨脚。给孩子机会与空间，自然需要接纳他的不自在、胆怯和不足。具体的做法

就是竭力不打压、不嘲笑、不越俎代庖。看到孩子的笨手笨脚，父母们在一旁免不了着急，但再心急也请忍住。可别迫不及待给孩子写下长长一串的任务清单；也别挑剔地说，怎么这条没列，那条又漏掉；更别去指责，你就是这样丢三落四，不长记性。有些父母会用恐吓的语气督促孩子，好好做啊，不许偷懒，爸爸回来会检查的……其实都会让孩子在自主自发的尝试过程中徒增烦恼和压力。

若孩子屡试不成，当然也没必要一定不教。父母可以和孩子一起想想，分析、检讨所谓的"失败"是孩子未臻成熟？还是标准设得太高？方法不对？可以给出具体建议，让他接受挑战，鼓励多试几次，自己去实践和发现，并思考下次怎么做可以做成。帮助孩子将失败转为学习的机会，下次不犯同样的错误。如果问题远远超过孩子的心智成熟度，也不要急于求成。多次尝试之后，终于成功了，那种开心是最畅快、最难忘的。接纳孩子的不足，孩子就能够习惯接受"没做成，没关系，哪里做得不够好？改就是了"的态度。帮助孩子在失败中练出韧性和自信，不轻言放弃，就是一种进步。

享受自主自发的机会

对孩子而言，做任何事情，都是成熟度加学习的综合结果，都是实际发展水平和近侧发展区的新的组合。这个生机勃勃的动态过程，当然可以清楚看到，它需要循序渐进，由少到多，正所谓"登高自卑，行远自迩"。父母最大的挑战是，面对孩子的身量和智能的不足，如何给予充分的发展机会与空间。持续成长是一个变化的动态过程，此刻的不足，并不表示下一刻仍然不足，它需要父母机动地调整与配合。但是，理想很丰满，现实很骨感。在给孩子尝试的机会和自我的空间后，看到孩子却只有三分钟热度，也不肯认真练习，就难免又会气恼起来。

孩子的主动是判断基准

给孩子机会和空间的前提，是要判断孩子是否对其当真感兴趣？其实没有那么难于判断，因为只要看孩子的反应，就再清楚不过。他可能偶尔会有点小牢骚，耍点小脾气，但安静一会儿，要他自己决定，他又决定继续，就说明你提供的机会与空间，是孩子所想所求的。孩子有兴趣，被吸引，愿意用心、用力，主动投入钻研，那父母便应提供真实的机会和空间给孩子。当然，三心二意，不能专注，或许也只是个自我探索的过程，父母需要更多的耐心，定睛在近侧发展区引导他，给他选择，并发挥恰到好处的脚手架功能，最终会引导他自主自发地发展其真正感兴趣的方向的。

父母先抛橄榄枝

父母面对孩子尝试探索时的纠结，是可以理解的，因为有些情况的确需要衡量风险。他真的会去做吗？会真的努力去做吗？有能力完成吗？一连串的问号，让父母难免心生焦虑。如果孩子想尝试的事不会对自己或别人造成伤害，条件允许时，不妨容许孩子探索试试。先迈出信任的第一步。信任是智慧的冒险，是交易未来，不是用口说，而是用行动行出来，需要由父母发动。没有信任，何来给孩子尝试的机会与空间？冒险选择信任孩子，让孩子在被信任的氛围中成长，这样的孩子也比较能够信任父母。孩子不被信任，也就不容易自信和信任他人，又何谈自主自发的动力呢？

信任中塑造诚信品格

当父母信任孩子，放手给他足够的机会与空间时，会不会让孩子走向另一个极端，变成无掩鸡笼，恣意妄为，"背叛"父母对他的信任呢？的确有这个可能性，也正是由于有这个可能性的存在，信任也意味着存有风险。我的想法是，机会与空间的给予是在为孩子铺设的自律轨道上进行的。父母们当然不希望背叛情况的发生，孩子同步需要认识背叛的代价。父母可以在冒险与信任中，教导孩子学习成为值得他人信任的人，以认真负责、自律自主的方式回应父母的信任。有时会进两步，退一步，但无妨，只要不加负面评判，激发他的内在兴趣和内驱动力，相信下次他会更愿意去做的。

第七章 自主能力：探索的机会与空间

探险之旅与发现之旅：旅途愉快

成人世界的我们经常会碰到这样的状况，眼睁睁看着好朋友掉进漩涡里不能自拔，能说的都说了，能做的也都做了，朋友却执意往那条路走。我们最终还是会尊重他的自由意志，因为毕竟是他的生命，是他承担自己抉择的后果。同样的，我认为做父母的也得用这样的心态尊重孩子的自由意志。不同之处在于，父母手中握着黄金时段，可以从小开始就把孩子的自由意志当作一回事，在自律的轨道上，让他有话语权，让他做选择，让他为自己的抉择负责任。因为这是他的探索和发现之旅，是他的生命旅程。父母给孩子的机会与空间，无关乎面子，无关乎安全焦虑，更与父母未曾满足的渴想无关。主客之间，清清楚楚。

父母的责任是，帮他打开发展自主能力的机会之窗，不浇灭他探索的热情和兴趣，让他在日常生活中尝试和体会父母不带掺杂恰到好处给予的机会与空间，让他在尝到成就感的喜悦和快乐后，持续探索和努力。

父母必定会问，如何帮他发展自主能力的机会之窗呢？请记住成长有时，发展有节奏，在孩子的近侧发展区给机会充权，让他有摸爬滚打的空间，从而去发挥好奇心，发掘新事务和尝试新体验。

父母也必定会问，如何不浇灭孩子探索的热情和兴趣呢？请定意坐在副驾驶位置，定意做孩子的脚手架。务必忍住出于保护孩子而欲加阻止的本能反应，忍住心里不安的小剧场，做个忠诚的副驾驶。放手，但不袖手旁观，让孩子独自面对挑战，独自承担，不让孩子觉得孤单无助、焦虑、受挫，甚至害怕、退缩。父母们顺应孩子的成长规律，给信息充能，提供适当的指导和干涉，做个完美的脚手架。

风险可控当然是放手让孩子自我探索的先决条件。日常生活中培养孩子谨慎机敏的性情，提升孩子对环境风险的敏感度，教导孩子判断地点、时间情境的妥适与安全。当爸妈对孩子要求的机会有所保留时，务必帮助孩子判断"我自己来"的可能风险。只有教会孩子懂得分辨好歹，明白什么是安全、什么是危险，行为上孩子才能自发地去回应情境。即使爸妈不在场，仍能放心孩子知道该怎么做。

成长，是一个激动人心而又充满挑战的冒险过程，是孩子专属的经历，更是父母与孩子共同的历程。虽然舍不得孩子吃苦受伤，未必放心大胆去选择信任，但仍然选择相信孩子，有意识地选择放手。请让孩子看到你眼中真诚的鼓励和相信，从而建立起亲子之间受益终身的相互信任和相互尊重。

第三篇

成长的良田沃土：家

在家的平台
创造有利于孩子茁壮成长的条件

第八章

家的次序与界线

在动态多重的家庭关系中,看重为人父母的教养责任

夫妻之间强调爱中合一,亲子之间则需爱中守界线

- 种瓜得瓜，种豆得豆？
- 常见的教养家庭形态
  - "父母双全"的单亲家庭
  - "父母双全"的隔代家庭
  - 帮手多多的多亲家庭
  - "父母双全"的寄养家庭
- 竭力建立独立于原生家庭的新家庭
  - 一对夫妻磨合需要时间和空间
  - 面对小家庭与大家族：夫妻轴先于亲子轴
- 有边有界，为家种防风林
  - 夫妻爱里合一，分工但不切割
  - 亲子爱里守界线
  - 家人的爱里要有尊重和节制
- 赢得妻子儿女尊敬的是大丈夫
- 教养和家务是本质上不同位阶的责任
  - 教养分工，仍坚守统一阵线
  - 家务可以外包，教养不可委外
- 家庭为本的教养观

第八章　家的次序与界线

种瓜得瓜，种豆得豆？

常言道"种瓜得瓜，种豆得豆"，想要收什么，就得种什么。依我看，这话只对了一半，种瓜不一定长得出瓜，种豆不一定长得出豆。理由是，栽种时想要收什么，种子的选择当然要讲究，同样重要的是，得懂得找到适合的土壤撒种。种子对了，土壤不合，也会徒劳无功，血本无归。同样的种子，撒在肥沃的溪水旁，撒在少土的岩石上，撒在缺水多风的沙漠，甚至撒在杂草丛生的荆棘中，出来的结果肯定是不一样的。

栽种时需讲究土质，这个道理浅显易懂。人人都期待撒下的种子能生根发芽，枝繁叶茂，按时结果，且果实累累，颗颗饱满壮硕。这个期待促使栽种者考虑种子的特性以及有利于种子生长的环境，用适合的栽培方式，将种子种下。养儿育女也是同样的道理。孩子是种子，家庭是孩子成长的土壤，教养方式是栽培的方法。根据孩子的特性因材施教和施养，是教养最基本的要求。观察一个人的性情，多少可以知道他成长于什么样的原生家庭。这是家庭教养动能的课题。

家庭教养动能是一个借自力学的概念，用来描述家庭在教养方面的能量。家庭，不是一个静态的概念，不是只有爸爸妈妈和可爱的宝宝组成的核心家庭。家庭会经由婚姻而有的夫妻关系，经由血缘而有的亲子关系，经由联姻而有的姻亲关系，不断扩展和分化。扩展至包括夫妻对原生家庭的父母、原生家庭的父母对已婚子女的亲子关系，祖辈对孙辈、孙辈对祖辈的祖孙关系；分化至包括兄弟姐妹和他们的家庭的关系。家庭也会因成员的离世而萎缩和收敛，成员关系亦随之变化。总之，家庭，是动态的，自有其生命节奏的历程。教养子女是在动态历程中进行的。而最影响家庭教养动能的，首推动态多重家庭关系中，次序和界线的安排。

多重家庭关系的优先次序，实质地影响时间的分配以及界线的管理。关系优先次序不是固定的，不仅随着家庭的生命周期而变动，也依突发情境而有所调整。单身的时候，父母自然处于优次最高的位置。结婚有了配偶，优次最高的是配偶还是父母，哪一方的父母？就值得推敲思考。有了孩子后，配偶、孩子、父母，形成新的局面，优次如何安排，亦需要调整。以此类推。当父母坚持永远第一优先，或者小孩出生后占了第一，配偶成为第二，甚至更后，影响的不只是教养动能，更可能是家庭和乐。何况，无论是贫穷或富有、男性或女性、聪明或愚拙，一天 24 小时是所有人共有的资源，也是共同面对的限制。在一天 24 小时的限制以及这个动态变化过程中，清晰的优次概念，有助于厘清彼此界线的边际。清晰的优次概念，有助于减少顾此失彼的无奈，抵挡因界线不清、越界造成的不健康人际压力。清晰的优次概念，有助于理出空间，经营管理多重的人际关系。在生活压力的研究领域，结婚和生子，因为牵动家庭成员既有角色和地位的重新定位，彼此边界的调整，同被视为重大且带有压力的生活事件。而重新定位和调整是在日日生活中进行的，矛盾和冲突，尊重与共识，都不是如空气一样会理所当然地自然化解。这样的理解，说明谈到教养课题，何以家庭成员间，小家庭和大家族间的次序安排和界线管理，是首先需要处理的一课。

常见的教养家庭形态

传统上对家庭形态的分类，有核心家庭、三代同住的折衷家庭和联合大家庭。然而这个社会学界行之有年的分类已经无法完整涵盖现代家庭的形式变化。隔代家庭、单亲家庭、寄宿家庭、同性家庭早已成为现今社会新兴的家庭常态。观察现今家庭实际的教养运作，如果按照既有的家庭形态分类会出现许多违和之处。因此笔者拟选出下列四种教养家庭形态作为讨论的基础。

"父母双全"的单亲家庭

许多家庭明明父母双全，怎么在教养上变为"单亲"呢？而且，绝大多数是只有母职，少了父职的单亲家庭。说到这里，想必大家一定有所会意。论到家务，在家的全职妈妈，会很自然地就承担大部分的家务。即或是夫妻双双在职的双职家庭，在时间精力有限的情况下，做妻子的也会承担较多家务。而除了家务，更多时候，孩子的课业、品格及学校活动也几乎由妈妈全包。不少人成年后会说自己对父亲的形象几乎为空白，心中只有妈妈，没有爸爸，几乎是这类"父母双全"单亲家庭的常态。最为尴尬的是，父亲节时要孩子唱首歌送给爸爸，孩子开口就唱《世上只有妈妈好》。早先的严父慈母世代逐渐远去，孩子成长过程中爸爸的缺席，不自觉成就了无父的世代。

"父母双全"的隔代家庭

"生个孩子吧！生了我来带，等大些再带回去。你们可以专心工作。"这话很熟悉吧？因为长辈们的热心帮忙，无论同住或不同住，出现很多隔代教养家庭。"我是奶奶带大的"，"我在外公家长大"。因为父母早年的教养缺席，隔代教养的孩子长大后，多和父母存有一定的疏离。

帮手多多的多亲家庭

在少子化的当代社会，许多长辈们，有体力，有资源，且爱心满满，乐意为孩子和孙辈付出。因为长辈们的帮忙，或者因为同住，许多双亲俱全的核心家庭变成了多亲家庭。

"父母双全"的寄养家庭

家庭雇佣，尤其在双职家庭，是很普遍的安排，用以分担在职妈妈的家务负担。帮手多是福气，不过也看到当孩子日常生活的方方面面全权交由雇佣照顾后，许多孩子与父母相处的时间远逊于与雇佣的相处。运气好，碰到爱心爆棚的保姆阿姨，会成为孩子情感上的依恋。但若优次界限不清晰，使家佣保姆成为代母代父，父母和儿女之间像夹了个第三者，也会出现许多的问题。

其实，这些当今社会常见的教养家庭形态都有可能为家庭教养动能埋下一些暗雷。一时的便宜行事，一时的不察，如同温水煮青蛙，为家庭种下很多遗憾，还有可能转而复制到下一代的婚姻家庭。我特别注意新家庭建立之时的新婚夫妻关系、新家庭的边界、男人的责任等三个议题，因此多从这三个视角讨论动态家庭生命历程中有益于家庭教养动能的重点。不讳言，这些重点不能只停留在认知层次，我们所期待的家庭氛围和亲子关系需要通过认知转为切实的身体力行，行在日常生活中。最后我将在第六小节分享我对动态多重家庭关系教养原则的看法。

竭力建立独立于原生家庭的新家庭

犹太教有一种传统习俗，是让新婚夫妻在结婚后的第一年离开双方的原生家庭，独自生活，所谓"新婚年"（Shana Rishona）。新婚夫妻需要独立面对生活的挑战，发展彼此之间的互动关系，并共同负责处理家务和日常事务，以便他们能够建立自己的家庭和关系。这段时间被视为新婚夫妻加强彼此了解和适应共同生活的重要阶段。这段单独共同生活的时间，新婚夫妻除了巩固彼此之间的关系，还需学习如何各退一步，适应配偶的各种在交往过程中不容易注意到的细微习性。当然，不是所有犹太人都会遵循这个习俗，许多现代犹太新婚夫妻也选择不遵循这个传统。但我想说，这个传统背后的理念非常务实，非常有智慧，值得大大提倡。

一对夫妻磨合需要时间和空间

成长于不同家庭的夫与妻，婚姻生活的头几年，彼此生活习惯、价值观、偏好等，必然会经历很多调整磨合。夫与妻需要手把手地学习一个家是怎么经营的，从而发展出他们"新家庭"的风格。而这风格多有别于他们的原生家庭，因为这个风格是来自不同原生家庭的丈夫与妻子，彼此商议、讨论、共同接受的风格。**不是复制丈夫的原生家庭，也不是复制妻子的原生家庭**。单单生活习惯的磨合，就难免会有各种龃龉，何况商议、辩论、争执，以致形成共识，当然需要时间，更需要空间。第三者的在场，往往容易火上浇油，难免坏事添乱。日本人有句话形容长辈和小家庭之间的居住安排，最好是端一碗汤不会凉的距离，表达的也是类似的精神。

面对小家庭与大家族：夫妻轴先于亲子轴

小家庭与大家族成员之间，不论同住与否，都会有些微妙复杂之处。少子化的现代社会,婚后住在父母家,或者父母住进儿女家,是很常见的安排。这样的安排,往往使亲人之间不能、甚至不敢去认真面对来自亲人的越界和冒犯。憋屈的痛,发生在长辈身上,同样也发生在晚辈身上。更为常见的后果是,丈夫或是妻子觉得自己成为外人。例如,妻子父母进驻后,这个家逐渐分成两国,一国是妻子和子女以及妻子的父母,另一国是丈夫。丈夫和妻子分裂了,不再是夫妻一体。主人的位置被取代了,丈夫成为外人。当丈夫的父母进驻后,同样的孤立更容易发生在做妻子的身上,他们是一家的,我这个媳妇/妻子是外人,即或在外工作,分担家里的开销,仍有强烈外人的感受。

这些现象的出现,主要因为小夫妻没有家庭界线的概念,也没有意识到关系优次的动态观。在建立自己的家庭后双方没有尽力离开原生家庭的认识。无论同住与否,由于对家庭界线没有清晰的认识,让一方或双方的父母长驱直入自己和配偶的新家庭,没有界线,没有禁区,也没有封顶,势必会引起冲突,使得代间互助变为矛盾与紧张的关系。

对于新婚夫妻而言,这是他们人生新阶段的开始,他们需要自己学习怎么建立属于自己,并且有自己风格的家。从代代相传、永续发展的角度,新关系的建立,在优次上应先于既有关系的调整,新关系的建立,在重要性上也应重于既有关系的调整,且需同步进行。新人因而得勇敢地离开双方父母，建立家室。具体来说，在经济上、生活安排上，不再依赖父母，勇敢地学习为人夫、做人妻，以配偶为主要的依靠，以配偶为主要倾吐商量的对象，与配偶共同承担、共同面对。简单地说，就小家庭和大家族的关系而言，夫妻轴必然优先于原生家庭既有的亲子轴。

离开父母，成立家室，并不意味着鼓励与各自父母断开关系，更不要误读为不用孝顺父母。正如飞机起飞前，空服人员一定会广播提醒，当危险来临氧气罩掉下来时，首先而且最重要的动作是自己先戴上氧气罩，其次才帮身边的小孩或老人家，这是次序的智慧。同样的逻辑也可应用在家庭的经营上。强调配偶优先的逻辑很简单，夫妻是家庭的支柱，夫妻双剑合璧，其利断金。为了承担照顾子女和赡养父母的责任，要先确保自己不失去照顾他人的能力。有道是，父母第一太太受苦，儿女第一丈夫受苦，工作第一家庭受苦，就是这个道理。

有边有界，为家种防风林

夫妻轴先于亲子轴的家庭次序安排，同样也需要应用于小家庭内。家庭的重心是作为掌门人的夫妻/父母。掌门人要有为家庭运筹帷幄的高度，有掌管全局、把稳方向的能耐。家的掌门人是双数，是丈夫与妻子，是孩子的爸爸和妈妈。小家庭内，我们都能明白，夫妻关系不好，想孩子成长得好，门都没有。先顾好夫妻之间的感情，做好丈夫或妻子的角色，才能更好地扮演父亲或母亲的角色。

夫妻爱里合一，分工但不切割

一对高管夫妻因为孩子的学习来找我。孩子的老师注意到，他们的孩子对英文有极大的排斥，老是没法正确拼英文，罚写20遍也记不下来，因此高度怀疑孩子有学习障碍，需要专家鉴定和帮忙。了解状况后，我请这位妈妈少安毋躁，不必急于找专家，因为当下孩子其他课业的表现都还不错，所以父母千万不要急于给孩子贴标签。进一步了解后我知道，这位妈妈是放弃高管职位回到家庭的妻子。可以想象她将所有精力都放在孩子身上，认为会像在职场一样，努力必有预期的回报。所以现在孩子的表现不如她所期望时，她的挫败感发作，很有可能迁怒于丈夫的不合作。

我将协谈的重点放在他们的夫妻关系上。不出所料，我观察到了两个常见的阻碍夫妻间同心合一、让他们经常爆发矛盾的因素：以自我为中心的本位思考，以及对彼此的一些僵化的预设。自我中心和本位思考，说白了就是我要、我想、我认为。吵架时多半会强调我多有道理，应该听我的，满足我的要求。僵化的预设，就是根据自己对对方的刻板印象回应对方，而不是根据当下对方的言语或行为做回应。吵架时常常一连串你就是这样、我早就知道你会这么做、你就是这么想的、你就是这种人，让人倍感压迫。我们要明白，人与人的沟通往来，单从自己的角度考虑，或站在未必正确的预设上进行，本就很危险，何况是在家中，对家人、夫妻间关系的杀伤力，不言而喻。

于是，我邀请他们和我一起练习如何听懂对方言语中的意思和情绪。我们练习换位思考，重述对方的意思，口头说出对方言语中隐含的情绪，直到对方确认接收到的信息正确无误，直到对方确认读懂了内含的情绪为止。明白了真意和接收到了情绪，此时才是适当的时机，让对方知道怎么说，比较不会引起不满或怒火。过程中，当然也有机会将一些对对方潜藏的预设性认识，坦诚地拿出来讨论和澄清，清理沟而不通，无交集谈话的堵塞之处。我请他们在日常生活中找机会，练习确认正确无误地听懂对方的话。我强力说服他们，夫妻之间的爱超越男女之情，能同理、体贴、安全、自在地对话，始有同步进入同心合一人生伴侣之境界。

合一不是指两人取得同样看法和意见，而是在有不同看法和意见时，认识并接纳彼此的不同，进而取得如何处理当下矛盾的共识。合一不是一方受压屈就于另一方，不是为了吵架太伤神而息事宁人。受压屈就和息事宁人的行为中没有爱的成分。如果爱经常缺席，何谈享有夫妻同心、黄土变黄金的喜悦。可喜可贺的是，两年多后，他们夫妻间的关系进步多多，家里飘荡的吼声和咒骂，显著减少。孩子也渐渐重新活泼开朗起来，学习也不用爸爸妈妈那么操心了。

亲子爱里守界线

家庭中夫妻关系的重点在于爱与合一。夫妻之间没有必要分你我、谈公平、有界线。相对而言，**亲子之间，除了爱的情感连结外，却并没有合一这一元素**。亲子之间的实质和心理界线是真实存在的。不仅是亲代对子代，还有子代对亲代，都必须彼此尊重和认真对待，不能长驱直入，如入无人之境。对孩子自我的尊重我已有专章讨论，此处特别强调，现代家庭无论多小，夫妻都要有自己的卧室，孩子亦需有自己的空间。要有意识地建立个别家人专属空间的"权威感"，非请勿入，包括长辈。

家人的爱里要有尊重和节制

将亲子、亲友之间，甚至人际间的界线提出来讨论，重点不止在于划分彼此，更多想说的是人与人之间应有的尊重和节制。在多亲的环境里，当与长辈有些争执时，未必能做到心平气和的。闭口不言是一种策略，这样可以努力避免在口风上争高下，更要避免在孩子面前批评责备长辈，也不要在长辈后面说些什么。自己以身作则，教导孩子"看到"长辈的爱心与关怀，在态度和言词上表达敬重。至于对父母，则应教导孩子尊重。尊重父母就是认真听父母说的话，把父母的话放在心上，进退有礼。

赢得妻子儿女尊敬的是大丈夫

经营家庭这桩事，男女相比，男人可能比较生疏鲁顿。男性从做人家儿子到做人家丈夫这条路，走得会比较不自然。导演李安曾说过一段话，值得男性朋友们思考："我太太对我笑一下，我就会放松一些，我就会感觉很幸福。我做了父亲，做人家的先生，不能代表说我就能很自然地可以得到他们的尊敬。我每天还是得赚取他们的尊敬，你要达到某一个标准。"（引文九）此处我不准备细述他是如何展开说明的，重点是，他点出了一个夫妻之间相处的重点：要想受到太太和孩子的尊敬、尊重以及爱，在太太孩子心中有分量，是赚来的，不是理所当然、自然到手的。

做丈夫的，需要主动站起来，承托太太，保护儿女，赢得他们的尊重。别以为这是对男士的不公平，事实上，男人在家中的角色常被扭曲、低估和窄化。许多与父母同住的家庭，当公公婆婆或丈母娘丈人介入时，家中做丈夫的其实并没有承担起应负的责任，没有勇敢地站起来，护卫自己的家。而妻子要不然就是与自己父母成为一国，要不然就是委屈地单独承担，孤单地面对冲突。做丈夫的，如果没有勇敢地站起来护卫自己的妻子，如果没有和妻子取得默契共同担当，如何能够抵挡第三者的介入和干预？经营家庭需要极高的智慧，而丈夫实际需要主动、带头、花心思、花时间，才能真正在家庭中赢得妻子儿女的尊敬。

最近看到一篇儿子写给母亲的信，标题是"妈，这不是你的家"。儿子爱母亲之余，认真地告诉母亲，小家庭不是妈妈的家，也不是儿子一个人的家，而是儿子与他的妻子共同的家。（引文十）这封信反映出抵挡父母长驱直入自己和配偶的新家庭，设定界线，并不是那么轻松的事，有时还颇为伤感情。这位做儿子的勇敢成熟，有担当，我为他竖起大拇指，更为他的妻子高兴。聪明、冷静、有远见、有智慧的男士，一定看得清楚界线与次序的重要性。勇敢地承担应负的责任，在小家与大家之间既能肩负桥梁作用，又能担负起顶梁柱的责任，护卫家的完整圆满，才是真正体贴、支持、成全爱妻子的大丈夫。

教养和家务是本质上不同位阶的责任

不少人对教养责任和家务责任有些认识不清，也常将分工与分割混淆。分工有个不言而喻的元素是不能忽略的——分必有合的期待，而分割则意味着分出的工作已与我无关。夫妻在家务上进行分工，多少和男女两性在家中的角色有关。孩子出生后，对他照顾的工作很自然就成为家庭生活的中心和重心。也许是母性使然，恩爱夫妻，一旦孩子出世，孩子不仅很快成为家庭关系的中心，也很大可能会取代配偶成为绝对的优先。太太变成孩子的妈，先生成为孩子的爸。就说说孩子出生后睡觉这一件事吧，不仅睡在夫妻房内的小床，还可能睡在夫妻床上，甚至丈夫让位，睡到另一个房间。新升任的妈妈，在不自觉间就把丈夫变成了一丈以外的丈夫。孩子这位新加入的家庭成员，不仅介入到夫妻中间，而且很快取代了爸爸或妈妈在彼此心中的位置，成为最爱。

孩子的需要被放大，丈夫的位置被掏空，当然也有不少男士，以承担家庭经济重任，心有余而力不足为说辞，索性主动退出做爸爸的位置，缩回自己的世界，成为家中的局外人。长此以往，家务和教养的分工，逐渐转成家务和教养的分割，好像理所当然成为别人的责任，与我无关了。日本有个冷笑话夸张但不无形象地展示了这种分割，说需要搬家的日本太太，在打包整理的过程中，将先生顺便和垃圾一起留在原地，自己搬到新居。

教养分工，仍坚守统一阵线

现实生活中，夫妻在教养上或许不得不分工。一对工作忙碌的夫妻，多年家中有雇佣，照顾陆续出生的三个孩子。随着孩子逐渐长大，越来越需要父母的教导和陪伴。妻子决定离开工作，期待自己能给小孩一个与她自己、她先生不一样的童年。回到家的全职妈妈，虽然仍有保姆的帮忙，但没过多久就发现,自己变成了讨人嫌的恶婆娘。教小孩功课和管教子女生活作息时,她常常情绪失控,不仅破口大骂甚至会动手责打。工作一天回到家的先生,面对妻子的挫败、沮丧和愤怒,也越来越失去耐心,责怪妻子无能,连孩子都管不好,还要忙了一天的他来操心。妻子则怪丈夫对孩子的学习漠不关心,一副事不关己的模样。夫妻俩不时爆发言语冲突,后来为了孩子学习上的一些状况,夫妻俩都失去了耐心,控制不住地用言语伤害自己最爱最亲的孩子。可想而知,做妈的和做爸的各样负面情绪投射在孩子身上,孩子在不知所措、委屈、压抑、被动、怒气中学习与成长,这样的学习过程自然事倍功半,失去动力,沮丧全写在脸上。

我帮助他们去厘清和认识,生活照顾、情感支持和管教督促是亲职的三个区块,后二者或可粗略地归为教养的范畴。生活照顾可以分工,外包亦无不可;教养可以分工,但不可分割,更不可外包。分工而不分割,可不是说说的口号,而是要有具体行动。教养是同时托付给孩子的爸爸和妈妈的任务。换句话说,教养子女是专属于孩子爸爸和妈妈的责任,也是爸爸和妈妈权利,因而教养的主导权应在为人父母的身上。夫妻在承担教养责任上的共识,有助于树立爸爸妈妈在教养上的威信。

夫妻之间在教养理念上有歧见是常见的,夫妻有绝对的责任,要为彼此的歧见取得一些妥协性的共识而努力。孩子需要看到爸妈之间有沟通，有默契，在孩子面前是一体的，有能力相互支持和补位。纵使爸爸不在场，孩子仍然能意识到爸爸会支持妈妈的决定，反之亦然。孩子可以看到爸爸妈妈有不同的意见，但不能看到爸爸妈妈之间的歧见而有闪躲钻缝的空间，更不能看到爸爸妈妈因此失和与分裂。如此孩子才有安全感，少了顺了姑意逆嫂意的为难。

让我举个现成的例子。这位妈妈向朋友分享对丈夫的不满和内心的挣扎，朋友单刀直入地指出是她的错。原因是她把两岁多的女儿看得高于丈夫，而且，任何事，无论对错，她一定支持女儿。也难怪女儿总是紧紧地黏着妈妈，不愿找爸爸。几天后，先生在家责备做错事的女儿，这位妈妈这次对女儿说："爸爸说得没错。"而这时女儿的反应让这位妈妈大为惊讶。她看到，对妈妈站在爸爸一边的反应，女儿一脸错愕，开始满脸疑惑，然后走向爸爸妈妈，试图分开爸爸妈妈，眼看不成，才降服。惊讶吗？才两岁多的孩子！

家务可以外包，教养不可委外

我们得承认，当今的工作形态以及社会经济条件，养小孩，有长辈或其他成人的帮忙，实在令人称羡。一对朋友夫妻在美国各有不错的工作，结婚之后没多久，妻子的父母就赴美住进他们家，帮他们处理家务和照顾小孩。一天工作回到家，能有热腾腾的饭吃，能安静看个新闻，真是最好不过。但也许因为人的惰性，也许因为工作形态或其他原因，请父母帮忙家务的同时，一个不注意，就连教养的责任也一起打包了，这就是大家熟知的所谓隔代教养。隔代教养之所以值得大家关注，不完全在于代间价值观的差异以及影响亲子之间的关系，而是在于在孩子面前起了个不良示范：原来可以只生孩子但不必养孩子，可以轻忽教养子女的责任。

现实是，不管是否与父母同住，都未必避得开长辈及家族成员介入小家庭生活。不让长辈亲人插手介入，的确有实务上的困难，尤其是少子化的现代社会，孩子都是宝，爱孙心切的爷爷奶奶、外公外婆不时"说话指导"，造成困扰也是难免。但如果做父母的坚持承担教养的责任，孩子必然能认识到，规矩和管教，只有爸妈说了算，有最终的决定权。孩子必然知道，其他人不能代替父母，其他人也不能做挡箭牌。爷爷奶奶、外公外婆虽然好，但他们不能越俎代庖。孩子学到敬畏父母，看重父母的言语，那么他人的杂音恐怕也就不会造成太大影响了。

认识一位97岁高龄的老太太，我看她有不少70多岁的年轻朋友，不时一起外食、出游、上山赏花，甚至有时在公园里与人抬杠，过着让人羡慕的日子。她早早公开声明"我只负责管好我生的"，要求她的孩子们"我管我的小孩，你管你的小孩"。她和老伴同住在老房子里，不代劳承担孙辈的父母们应负的责任，不将照顾孙辈的担子揽在老伴和自己身上。她力劝儿媳妇留在职场，免得和她一样做家事，手变得难看。你或许会说,她怎么忍心,不让儿子媳妇下了班回家能舒服些?其实,她不是完全不帮忙,虽然与儿子媳妇分开住,但老伴和她常为他们准备饭食,需要时去幼儿园接送孙辈,等儿媳下班再来接回去。

从结果来看,她的做法是有些道理的。孙辈们个个循规蹈矩,进退有据。他们爱爷爷、奶奶,敬重爷爷、奶奶。重要的是,他们都和自己的爸爸、妈妈有很亲密的关系,他们知道爸妈的同意最重要,没有爸妈的盖章,天皇老子说了都不算数,何况爷爷、奶奶。更重要的是,爷爷、奶奶那一票都投给爸爸、妈妈,爷爷、奶奶支持爸爸、妈妈的决定。

家庭为本的教养观

家这个教养基地是由为人父母者负责管理经营的。孩子当然期待父母所拥有和经营的这一片地是为良田。他们如同撒在这里的种子,当他可以在那片被你用心经营管理的良田上沐浴阳光雨露,获得足够的养分和空间时,他自然会茁壮成长。

以家庭为本的教养观,首先要强调的是:家,是动态的,且有它的生命历程。正因为是动态的,家庭成员角色的增添或删减,会连动着成员之间关系的变化,家庭成员间的优先次序和界线，也必然会随之调整。我特别强调每一代的小家庭，在处理各种家庭关系时，夫妻轴应先于亲子轴，小家庭应优先于大家族。固守着某种次序，不愿意随着家庭成员角色和关系的变动而调整，对家只有伤害，没有好处。

家，呈现的应是相爱相安但不相争的状态。夫妻需要在爱里合而为一，成为一体。合一却不需出现在亲子之间，亲子之间反而要注意界线，避免越界伤人。

生活照顾和教养是亲职的两个区块，是托付给孩子的爸爸和妈妈的任务，是专属于孩子爸爸和妈妈的责任，也是孩子爸爸和妈妈的权利。教养亲职可以分工但不可分割。家务可以外包，但教养子女不可委外。我呼吁每一代人，看重为人父母的位份与责任。而要更好地担起这份责任，家庭中的夫妻关系是其中的重中之重，夫妻是关键，丈夫是领军。要知道，教养理念上的歧见并不会让孩子受伤，夫妻失和才会。

第九章

言语：家庭活力的主成分

言语是家庭爱的载具，而非伤人的工具

- ◆ 没有对话，何以是家？
- ◆ 对话的时刻和空间要创造
  - • 学做孩子的传译者
  - • 刻意增加对话量
  - • 刻意创造对话时刻
  - • 刻意营造对话空间
- ◆ 言语的质素要讲究
  - • 家是讲恩言的地方
  - • 家是讲真言的地方
- ◆ 声调语气和肢体动作要柔软
  - • 家是可以听人说话的地方
  - • 家是可以好好说话的地方
  - • 家是看重彼此话语的地方
- ◆ 平和友善的言语环境，钥匙在父母

第九章　言语：家庭活力的主成分

没有对话，何以是家？

言语的威力，不用多说，大家都明白。曾参杀人、众口铄金，诸如此类的成语充分彰显百体中的舌头虽小，却大有威力的事实。从口而入的，不会让他人受益，也不会伤害他人，只有从口而出的，可以让他人受益，也可以让他人受害。话说得好，有如银篮子里的金苹果，光彩夺目，相得益彰。相反，带着杀伤力的刀子嘴式的言语，惹人厌恶嫌弃，大家能闪则闪，能避则避。有道是，话不投机半句多。

面对不时吐出刀子嘴式言语的人，外人或成年人，容或有回避的空间，但发生在家庭中父母的此类言语，孩子则是无从回避、无所逃的。源于父母的言语对孩子的伤害，是近些年来家暴研究的重点。言语暴力的研究者，美国的泰格博士（Martin H. Teicher）发现，取笑、挖苦、打击、吼叫、责骂、羞辱等负面的语言，激活幼儿大脑的杏仁核，分泌大量与压力及焦虑有关的荷尔蒙和神经递解质，不仅抑制认知和学习能力，而且造成日后身心健康的损伤。可以说，父母言语对孩子的伤害，远超过人们的想象。

言语是爱的载具。在家这个场域，亲子对话和沟通是维系亲子之间情感连结的重要渠道。夫妻之间、亲子之间、兄弟姐妹之间的情感交流、信息交流、管与教，等等，皆是通过言语来进行的。家人之间对话顺畅，有商有量，让每个人都感到安心轻松，彰显的是家庭的温暖和自在。温暖自在的氛围，为孩子智力的开发和有温度的情商打下基础，为孩子的跨出门做准备。言语，是"家"这个教养基地活力的主要成分。我把包括家庭成员言语的方式和风格统称为家庭语境文化。怎么让亲子之间能够叽里呱啦，天南地北，讲个不停，是有些讲究的。

当然，读者随后就会注意到，我把整章讨论的焦点都放在了家中的大人这里。之所以将焦点放在家中大人，是因为家中大人的对话风格主导着家庭整体的语境文化。孩子在家中的语境文化中浸淫成长，自然会有样学样。孩子的话语能力和沟通表达，与他们的父母有绝对的关系。本章从对话的量，话语的质素，以及声调语气和肢体动作这三个维度，检视家中的语境文化，因为其影响家庭教养的动能，也影响孩子的言语处理能力和沟通习惯。各节的标题和副标题标示出营造健康的语境文化的具体做法。我暂且把极端且针对孩子的言语暴力放在一旁，因为大概率看这本书的父母都不至于如此有意地伤害所爱的孩子，何况言语暴力的后果也不是本书能处理的范围。

对话的时刻和空间要创造

许多家庭是十分安静的，各有各的活动重心。有的家庭成员聚在一起时，眼睛盯着手机电视，连吃饭也将手机或电视节目当成配菜，家人之间好像没什么话好说。

"我是电视机养大的！爸妈外出工作，哥哥姐姐去上学了，我在家，没人和我讲话，就对着电视。他们回来，做事的做事，做功课的做功课，做家务的做家务，大家各做各的，很少说话，我仍对着电视。爸妈对我们，就是简单地发命令，做得多，说得少。"因此，"我很习惯一个人，也很习惯不多说什么，人生无所求，一个人过日子就好了，简单。"

"回想起来，我一点都不记得妈妈的声音！也不记得她对我说过些什么。"兄弟姐妹都很少讲话。因此，"我一直都像孤独的狼，大部分活动都在脑子里面进行，很少和别人来往互动，社交技能很差。"

苍白的话语环境，剥夺孩子发展社会技能的机会，也传达了对孩子的漠视、拒绝、隔离。苍白的语言环境大概率会养出词无法达意、情绪先行的火爆孩子。不少成人的身上其实都可以看到成长于苍白的语言环境的痕迹。因为情绪词汇不足，导致粗暴的行为。说不过时，就动手；说不清楚时，用大声去压别人；一不如意，简单地化为发脾气、骂人、摔东西来表达。苍白的语言环境有机会养出躲在自己世界的现代山顶洞人，因脑袋里没有足够的词汇表达自己的想法和意图，他们不说也不会说。爸爸妈妈话不多，很难期待他们会对孩子多讲话。因而内向安静的家长，不妨在养儿育女之时试试以下所建议的"一个学习"和"三个刻意"。

学做孩子的传译者

想想孩子的成长过程，经历着由无语，到牙牙学语和开口说话，由只有简单词汇来表达，到口中吐出来的词汇吓到身边成人，每一步都足以让父母惊讶欣喜。当然，孩子脑袋里自然会有词汇不够用，不足以充分说出自己理路的时候，对他想表达的、想争辩的，有点力不从心的挫折和急切。当词不达意和说理不成长期存在于孩子的头脑中，情绪派、行动派或无语派就难免持续成为习惯，必然增加孩子融入社会生活的难度。所以，父母需要学会做孩子的传译者，刻意地随机用口语传译情境，是可以帮上孩子的忙的。

我看过一个短视频，一个两岁出头的小家伙，扶着小车双脚跳呀跳地往前推，一次成功，十分开心，再来一次，有点力不从心，第三次时碰到了膝盖。他抬起头看着爸爸，一副想哭的模样，嘴里叽里呱啦讲着并配上动作手势，显然在告诉爸爸发生了什么事。在旁的爸爸立刻帮他把话说出来："你推着车碰到脚了，痛痛，是不是？"孩子回应说"是"，之后就继续推着小车玩。这是个在日常生活中，父母用口语丰富孩子词汇的例子。在孩子词不能达意时，父母扮演传译者，让孩子从父母亲的用字遣词中直接吸收学习，增加表达思路或情绪的词汇。更借着询问和确认的动作，让孩子重复练习，引导他用口语将思路表达出来，提升孩子的口语表达能力，让他能说也敢说。

刻意增加对话量

亲子对话数量直接影响孩子的词汇量、语法和语言推理能力。对话数量多，有助于拓展孩子的思考分析、空间辨识等认知能力的提升。在职的爸爸妈妈不要掉进"上班讲了一天的话，回家可要闭嘴好好休息"的陷阱，回到家，可是一家人开心交流的时刻。夫妻之间如此，亲子之间更是如此。父母需要刻意听听说说，自在地你来我往，讲讲身边的大小事，一天的见闻，比如世界大事、学校或工作场所发生的事，在对话中交流情感，传达关心，也比较有机会听到孩子的悄悄话和体己话。

刻意创造对话时刻

现代的工作生活形态已经严重压缩了家人之间说说话的时间。想想早上家人出门的阵仗，再想想忙了一天回到家，准备晚餐的准备晚餐，做功课的做功课，收拾收拾，也就到了要睡觉的时间。周末有采买、清洗等家务，加上家庭家族活动，想要有足够的时间坐下来聊聊天，简直是难得。正是因为如此，刻意创造对话就变得十分重要。刻意是关键字，强调善用零碎时间。比如接送孩子上学放学的路上、等车时间、准备晚餐时、吃饭时、帮忙小小孩子洗澡刷牙时、睡前，等等，都是蛮好用的谈心时刻。重点是，不让家人之间的对话受到电视节目、手机来电等的干扰，甚至打断。

刻意营造对话空间

家中能说能听的空间是需要刻意营造的。能说能听的空间，指的是关上电视，关上手机，不接电话，能放心自在地说说聊聊的空间。客厅的中心不应是电视，而应是家人欢聚休息的好地方，卧室可以是个躺在床上讲心事的好地方，餐桌可以是个嘻哈谈笑的好地方。充分营造家中的对话空间，让家充满良好的语境文化，是值得花心思安排的。

言语的质素要讲究

不能说好话的刀子口，其实普遍存在于我们的日常生活里。负面话语伤人而不自知，清单可是落落长，争吵、挑剔、指责、贬低、否定、羞辱、焦虑、惧怕、防备、攀比、争竞，族繁不及备载。记得我曾看到过一则故事，深触我心。一位小姑娘六岁那年参加钢琴比赛，她的基督徒父亲用恶毒的眼光、话语，数落女儿偷懒、不认真，"你这样子让我很丢脸"。多年后，这位父亲感到十分愧疚，他说神把造成女儿伤害的整个过程用慢动作演给了他看，甚至看见女儿抱着妈妈大哭说："我不要再学琴了！"事实上，个性倔强的女儿真的在那之后六年没碰过钢琴。神问他："你难道不觉得自己是个恐怖分子吗？你把她炸得遍体鳞伤。"羞愧不已

第九章 言语：家庭活力的主成分

的他向女儿道歉，之后女儿才重拾音乐。（引文十一）我们姑且不用在意信仰让这位父亲悔过的问题，现实生活中，许多父母也许就这样不自知地毁掉了儿女的热情，单单"恐怖分子"这个名号，足以贴切地表达父母言语的杀伤力。

让我再举个实例。一位女士讲到，当她成为主管时，蓦然发现她这个主管好像成了她的秘书的下手和小妹。原因是她的秘书经常性两手一摊摆烂，她只好收拾善后，为此她很是困扰。反思中，她注意到她的生命好像有很多"应该"，牢牢地绑住了她，让她不自觉地将别人的担子放在自己肩上，漠视、忘记，甚至否定自己。她想知道自己为什么会将满足身边人的需要视为绝对优先，反思中，逐渐浮出的是她那位良善温柔的妈妈，以及妈妈焦虑的叫声。妈妈经常性很焦虑地叫，弟弟的尿布没换，怎么办？衣服还没晾，怎么办？煮绿豆汤没放绿豆，怎么办？做女儿的总是应声道，我来换，我来晾，我来洗绿豆。我想强调的是，焦虑也是负面言语。做女儿接收到的焦虑，成为督促她别无选择去承担，满足妈妈需要的指令。"你不行，我来吧"成为她行事的底层心理状态，长此以往，她形成了服务型人格。

日常生活中，许多人会用豆腐心来粉饰、合理化刀子嘴，这其实只是在寻找借口，更糟糕的是，很多人根本没有意识到自己言语中的尖酸刻薄。许多家庭面对孩子时，未必如刀子嘴般去言语施暴，未必讲话粗暴，充满恶意，但是语境文化却往往各种满满的负面元素："你做不来的啦,你根本不知道怎么做",甚至不经意地说些看似开玩笑的揶揄,否定孩子与生俱来的特质,或者说些反话,造成孩子的困惑。更别提当被啼哭的小人儿搞得精疲力竭时,"讨债的""磨娘精""恨不得把你给扔了"等气话,脱口而出。碰到孩子不听话时,"再捣蛋我就不要你了""再不乖叫警察带走",这样的话其实我们并不陌生。要知道,当孩子还小,不懂得区分事实和玩笑话时,孩子不仅会相信他人针对他发出的评语或论断,而且会像接收信号一样,将这些评语或论断转变为对自己的观念。

家要讲究什么言语的质素呢?家的语境文化应该呈现出什么样的元素呢?正面来讲,就是要让家成为讲恩言与真言的地方。

家是讲恩言的地方

恩言是造就、欣赏、肯定和安慰的言语。说恩言,不是说一些脱离实情,讨好的话;讲些脱离实情讨好的话,反而显得虚伪。说恩言,重点是欣赏和肯定对方的行为表现,强调那些行为表现中值得赞赏肯定的品格。例如,肯定孩子的听话懂事,"刚刚爸爸告诉你,我正和叔叔讲话,讲完了才听你的,你都没有吵,很体贴,也很有礼貌"。再比如,为丈夫有正确判断而鼓掌,"没错,你是对的",欣赏他乐意动脑筋想出好点子、好策略。再比如,对着孩子夸奖太太的爱心,"妈妈好厉害,总是花心思,为我们准备好好吃的晚餐"。总之,恩言不是用泛泛之词,来欣赏肯定家人的行为表现和品格。越具体越真诚,越能在家中培养讲恩言的语境文化。

说恩言,还需要同理对方的挫折和懊恼。在家人经历受伤、失败,正处在伤心、沮丧、愤怒的情绪里时,家人的理解、支持和陪伴就显得尤为重要。接得住他的情绪,给他以安慰、劝勉、鼓励打气,口里说出造就的话,正是凸显家人的不可或缺。

家是讲真言的地方

真言是就事论事,不绕弯子、不夸大,坦率、真诚和务实的言语。在家这个由父母主导的教养基地,父母面对事情的反应,如果能让孩子看到父母诚恳认真的态度,实话直说,将有助于孩子清醒冷静地认识周遭的世界,持有务实踏实的态度去面对世界。孩子需要学习面对问题,而不是回避问题,推卸责任。有时看着成人面对孩子遇挫跌倒无厘头的反应,真是令人无语。讲真言,能够让孩子很好地认识问题解决问题,而不是犯错后归咎于"都是别人的错",无法自省。

最近碰到一个用真话直言化解夫妻之间的争执和误会,让孩子也学到功课的例子。事情是这样的,爸爸应女儿要求,花了数万元买了个名牌包作为她十岁的生日礼物,妈妈十分生气。一来因为妈妈事先不知情,孩子只向爸爸提了要求,二来妈妈认为十岁女儿不应有这种奢侈品,爸爸不应骄纵孩子。夫妻因而大吵。爸爸觉得很委屈，夫妻经过几天冷战，终于决定把事情摊开来说清楚。爸爸是这样如实地对女儿说的："爸爸在买之前没问价钱，纯粹因为当时很高兴，看到你想要的样式和品牌，就买了。刷卡看到价钱才吓了一跳，当时是有些犹豫的，但不想让你觉得爸爸因为价钱太贵了而不买，爸爸想让你知道爸爸是为了爱你才买的。但我同意妈妈的看法，这个包的确太贵，不是你这个年纪应该消费的。而且，我和妈妈看法一样，追名牌是爸爸不赞成的。"爸爸也指出刻意瞒着妈妈，听从女儿要求而不告诉妈妈的错误行为（看到孩子的钻缝了吗），并为此向妻子道歉。经过这一番对话，这件事在家中平息了下来。爸爸还特别强调，因为听从了女儿不告诉妈妈的建议，造成爸爸妈妈的争吵和好几天的冷战，这是很不对的。妈妈在家承担许多教养任务，很多事情爸爸因为工作忙无从参与，因此更应和妈妈商量，这也是对女儿的负责。我们相信，女儿在接收到这些信息后，一定也会有自己的反思。

声调语气和肢体动作要柔软

有时候说话不用听内容，出口的声调语气和肢体动作，就已经代为发言。吵闹紧绷的家庭语境，多半伴随着特有的讲话习惯，无需多加描述，大家都可以想象。成长于暴戾的家庭语境，往往会成为暴戾的人；成长于冷漠的家庭语境，也往往成为冷漠的人。家，应该成为会听、能说、知回应的地方。

家是可以听人说话的地方

家是可以听人说话的地方，换句话说，就是家中每个人都有"能听的耳朵"。孩子耳朵的训练，或说成听力训练也不为过，是一个社会学习的过程。要孩子有个"能听的耳朵"，妙方之首当然是父母有个"能听的耳朵"。父母怎么听，孩子也怎么听；亲子之间如此，夫妻之间亦然。能得到父母的认真回应，是养成孩子有"能听的耳朵"的最佳途径。父母和孩子都有"能听的耳朵"，不就是一个能听人说话的家吗？展开来说，"能听的耳朵"至少有四个层面的意义。

首先，不知您注意到了没，在孩子刚刚出生之后，所有做父母的必然十分敏锐于孩子发出的声音，甚至到了神经紧张的地步，一听到就立时弹起行动。但不知从何时开始，父母对孩子发出的声音，逐渐迟钝。家长能找出各种原因，去解释对孩子的言语心不在焉，反应迟滞，甚至不反应。但这丢失的实际上就是我所强调"能听的耳朵"的第一层面，即**能快快地听**，显示在意对方。

其次，我们许多时候都会不自知地出现如下情形，也许因为事情太多，不待孩子说完就火速反应，好像早已预知他想讲的全貌。孩子委屈地觉得你怎么那么自信？我才讲个小尾巴，你立马牵出一头象。打断岔开，抢话抢答，孩子接收到的信息是，和我爸妈讲话，只能用我行我素这四个字形容，只有他们说，没我说的份。"能听的耳朵"的第二层意思，指能**完整听完对方讲的话**，未曾听完便回答，便是愚昧。

再次，插不进去话的对话模式不是良好的对话模式。"我爸爸妈妈他们之间太有默契，搭配得太过完美，以至于跟我沟通时，爸爸讲完，妈妈立刻接嘴，妈妈才讲完，爸爸又开始说，我想回应，根本没机会。久而久之，根本不想和他们再说什么。"一位年轻人无奈地如此说。"能听的耳朵"的第三层意思是指，在快快地听之后，还要**留有慢慢回应的空间**，要让孩子有表达自己的空间。而当对话已经惹动神经，慢慢地说也有缓和情绪的作用。慢慢地动怒，是上上策。慢慢地回应，也等于留下空间，等对方回应，有邀请继续对话的作用。

最后，"能听的耳朵"的第四层意思是指，能**听懂对方话里的意思**、**情绪**、**心声**、**教导和意见**，通过一来一往的对话，确认对方话里传达的方方面面的信息。当对话告一段落，不妨用击掌、握手、勾勾手、抱抱，来赞赏和欣赏对方能勇于表达，或愿意花时间听别人意见的精神。显而易见的是，如果没有快快地听，或留出空间给对方表达，完整地听完对方想要说的话，而能听懂读懂对方，无异于缘木求鱼。

亲子之间的对话，还得加上两个不可轻忽的事实。第一个事实是，要知道对话的对象**仍是个孩子**。倾听之时，要敏感于孩子的不足，接受孩子不知如何启口的状况。用问句引导和鼓励，给孩子机会清楚说出他的感觉、看法、偏好，例如到底想要的是什么？为什么这么做？为什么有这样的想法？这是不是你想要的？知道爸妈的想法吗？这样做好不好？等等，帮助他说理和表达意见，并澄清他所了解的爸妈的想法。在这个过程中，你可能未必同意孩子的想法或做法，试着采用你们亲子间合适的表达方式，持续讨论和协商，反复澄清，教导孩子勇敢地说不知怎么回应，以及为什么不知怎么回应，比如"我听到了，我正在想怎么回应爸爸"，"我不知道要怎么讲"。

第二个事实是，倾听之时需要敏感于孩子**持续长大成熟的事实**。我们都经历过被孩子的话电到，一时不知如何回应的语塞时刻，这时，用"我听到了，我正想怎么回应，你可不可以多说些？"这样的回应，邀请孩子多表达，用不同的方式表达。"我听到的是这样，对吗？"让孩子给爸爸妈妈机会，澄清感觉、看法和偏好。父母都得努力养成习惯，听那无论身形、经验还是知识都远不如你的孩子说出的话。

家是可以好好说话的地方

一位太太反省自己的婚姻生活，特别提到她习惯用战斗气息浓厚的声音大声说话："某某某，去倒垃圾"，先生常被声量吓到，抱怨说："不是只倒个垃圾，需要这么大声吗？"

对于太太的说话方式，丈夫无奈地隐忍，二人不时爆发冲突。夫妻之间如此都可能出现危机，遑论先天就存在着结构不对等的亲子之间。一位尽责认真的女性，讲起她不敢开口请人帮忙，自觉不配接受别人帮忙的心态时，想起小时候问祖母要钱买冰棒，祖母用十万分不耐的口气，粗暴地叫她"闪开，没看我在忙"。当时所感受到的不配和我又做错了的羞愧，深深伤害了她的自我。这位女性用这样的例子解释她心里的种种缺失，在粗暴的言语环境之下，羞耻、自卑、自我形象很差的阴霾就这样深埋心底，影响她成人后处事的方法和人际关系。

父母怎么说话，孩子也会怎么说话。有道是，有理不在声高，柔和的舌头，能折断骨头。爸妈要知道，自己无论在身形、资源、经验各方面都居上风，而且掌握话语权，因此，在和孩子讲话时，要注意脸部表情和声调，还可以配以姿势，比如手搭肩，握住手，或者蹲下来拉近和孩子的高度差距等，去降低对孩子的压迫感。用眼睛平视，表达你的关注，表示重视孩子的心声，专注回应孩子的需要，让孩子分享父母的话语权。种种作为，都可能补平亲子对话中原有的不对等。

在好好说话的大前提下，父母要养成说话有威信的习惯，言必行，行必果，说话算数。虽然语气平和，但要坚定且说到做到。今天初一明天十五似的反馈，绝对有损父母言语的威信。言语的威信绝不是用严厉和武断去要求孩子,更不是用声音震慑、情绪掌控去胁迫孩子或使孩子屈从。言语的威信是在父母能好好说话的环境下,让孩子可以认识到父母讲话是有权威的,需要把父母的话当回事,认真听,好好回应。

家是看重彼此话语的地方

无论是夫妻之间还是亲子之间,听而不回最让人恼火,因为它传达的是满满的漠视和轻看。相信大家都有类似的经验,对于成天喋喋不休,碎碎念,搞疲劳轰炸的人,我们能做的,似乎就是让耳朵关机。既然耳朵关了机,自然也不会有后续的回应。用同样的逻辑,我们可以理解何以孩子会不太回应父母的话。要让家人之间认真以对彼此口中所出的话,当然就应极力避免让人耳朵关机的说话方式。看看这个例子。"要吃这个吗?"妈妈刚说完就把一块红烧肉塞进孩子碗里。显然,这样的方式,回应与不回应都没什么差别,孩子也意识到,在爸爸妈妈的心目中,我的表达没有分量。如果这样的言行是爸妈的习惯,那孩子也会学到不用对爸妈的话语做什么回应的习惯。未必需要认真以对,因为我说了也改变不了什么。

要让家成为看重彼此话语的地方,需要用行动和言语表现出倾听、看重的姿态。"我在忙,等一下会回应你"。夫妻之间经常展现出看重对方的话语,亲子之间亦然。教导孩子,当爸妈出声时,要口头回应,继而行动跟上。如"听到了","好","就来";若无法立时做到,先说"等等";若不明白,就表达"再说一遍","说什么?";不乐意时,先说"我想想"等。父母认真以对孩子的想法,孩子一定感受得到,通常也会带来孩子对父母言语的看重。

所有家人都需要知道,具体什么是不可接受的回应方式,以及出现这些行为时带给他人的感受。不回应或冷处理是不可接受的,那会让人感受到被拒绝,仿佛是对着冰冷的墙讲话;不讲话、生闷气、给黑脸也是不可接受的,那会让人感受到不被尊重,没有人想成为不受别人尊重的人;大声吼叫、摔东西、生气愤怒、发牢骚这样的情绪勒索也是不可接受的,那会让人感受到很没面子,怎么这么没教养。

我鼓励为人父母者,夫妻同心,带头将家经营成为能够好好说话的地方。因着家人之间能好好说话,便会比较容易邀请孩子进入对话,也会比较容易树立起父母讲话的分量和威信。

平和友善的言语环境,钥匙在父母

父母的舌头,是要用来扶持孩子、造就孩子的。在平和友善的言语环境中成长,是人生重要的资产。相反,如果在

第九章 言语：家庭活力的主成分

家的日常生活中经常受到父母言语的刺痛，无论是有心的或无意的，那么科学证据所观察到的长久伤害，是都可以真实发生在自己孩子身上的。

爸妈怎么讲话、回应，孩子在睁眼看、侧耳听，会有样学样。这一章倡导，由爸爸妈妈带动，将家内的言语环境连结于正向情绪和有来有往的对话循环，让家成为讲恩言与真言，可以听人说话、看重彼此言语，好好说话的地方。我将之总称为平和友善的言语环境。

怎么做才能让家的氛围展现出平和与友善呢？有两个重点。第一个重点在口舌。控制自己的口舌，不出恶言，不出伤人、损人的话。第二个重点在耳朵。家里的大人小孩都有"能听的耳朵"，都练习当家人讲话时，能够快快地听，完整听完，慢慢回应，并听懂、读懂对方。

在平和友善的言语环境里，孩子会慢慢学习丰富的表达词汇和用语，养成愿听和能听，与人善于沟通的习惯和能力。因为出色的对话能力，在于愿听、能听，且能明白对方的意思，用他人能听懂的口语词汇表达和说理，自在发言。当察觉别人的情绪或遭遇不合理的要求，勇于表达，缓和对方的情绪并创造对话空间，自信勇敢地说不。若作为家长都无法建立平和友善的家庭氛围和言语环境，我要很直白地说，想训练孩子的耳朵，教导他回应，训练孩子的口，让他习于口语表达，懂得沟通，是几乎不可能的。

最后我想说，不论父母出自什么样的原生家庭，原生家庭的言语环境，或友善、或伤人，即便实质上已然影响到你们，但主导权不掌握在你们手上。如今成立了自己的家庭，为子女建构平和友善言语环境的钥匙，则真正握在为父母的你们手里。只有靠作为父母的你们，化知道为行动，主动全权去做决定、做选择，家庭平和友善的语境文化才最终能扭转和树立起来。

第四篇

教养的硬道理

冲破代际复制,从容自在做父母
了解陶冶教养框架背后的概念和理论

第十章

有关教养的理论文献以及案例

梳理本书的核心概念和理论,重温陶冶教养中的做与不做

- ◆ 教养是份人类无法回避的神圣托付
  - 社会化：生物人长成社会人
  - 区分我和你：胭脂实验
  - 自我
  - 从他人眼中认识我
- ◆ 成长有时，发展有序
  - 认知发展
  - 社会心理发展
  - 成熟度与近侧发展区
  - 鹰架过程
- ◆ 成长发展的内涵
  - 智力开发不是人生胜利组的唯一门票
  - 呼唤孩子爱的能力
  - 情绪非天成，大脑有角色
  - 习惯成自然，烙印于大脑
  - 积习难改，牵动大脑
- ◆ 代际复制是如此真实
- ◆ 家庭如何塑造人
  - 价值观和行事风格主导家庭氛围
  - 刻薄言语及家庭暴力
  - 父母的心思剧场
  - 怨偶的涟漪伤害，波及儿女
- ◆ 超前部署的能与不能

第十章 有关教养的理论文献以及案例

学界有句话,很打击为人父母的。这句话的原文是"There is no delinquent child, there are only delinquent parents"(Ludwig,1952).译成中文:"没有教不好的孩子,只有不懂教的家长"。我想,不服气的人一定不少,但仔细想想,并不是没有道理。且不说还未上幼儿园,大部分时间待在家里由家人照顾的小小孩,家一定是他生活的全部。而对那些稍长的孩子,即便他们会在幼儿园和学校学习很长时间,但也都抵不过在家分分钟的熏陶。我想说,老师不会教和学校要负责的说法,实在夸大了老师和学校的影响力。回想孩子初生之时,可爱的模样仍深印脑海,哪一对父母不是期待孩子能快乐地成长,享有多姿多彩的人生,焕发出自信的光彩?可是,随着孩子渐渐长大,多少孩子又被爸妈形容为惹人担心、生气、伤心的孩子,好像跟父母最初的期待相去甚远。平心而论,上天不会开玩笑地让你生个专门伤害父母的孩子。问题是,孩子成长的路上,父母做了什么,怎么会把孩子养到如此背向而行呢?

针对这个问题,社会学、发展心理学、脑科学、神经科学和教育学领域的学者做了无数的研究,去了解和认识人的成长或曰生命历程的核心需要,以及身边的人事物起了什么作用,等等,可以说这些研究成果都丰富了我这里所谓叠加式陶冶教养框架的内容。我由衷地感谢各个领域学者过去长期投入研究所累积的成果,没有前人种树,后人哪有乘凉之处？由于本书面向的是诸多关心亲子教育的家长，考虑到可读性，我在行文中除了特别引用少数经典研究外，不会一如学术论文一样，一一具名相关领域学者的研究发现。因此前面九章我仅呈现这些研究发现对教养的意涵。这一章，我将就陶冶教养框架的思路以及其背后的硬道理展开说一些，作为家长们的参考。

教养是份人类无法回避的神圣托付

社会化：生物人长成社会人

人的成长是一个从生物人质变和量变成为社会人的过程。刚出生的婴儿，对外在的世界全然无知，全然依赖他人而存活，把此时的婴儿视为生物人并不为过。出生之后，婴儿在每天的生活里，方方面面地学习社会上普遍认可的规范、价值观念和行为方式，将社会的规范和文化价值观烙印在自己的认知、情感和思考中，以致成长过程中的行事为人，在大范围内不被视为怪异。社会学界将这个过程称之为社会化，英文是 sociolization。社会化的概念是由现代社会学的奠基人之一，法国社会学家涂尔干（Émile Durkheim, 1858—1917）于 19 世纪末首次提出的。

可以这么说，养儿育女是父母手把手地将初出生的婴儿介绍给他所处的社会的过程。不仅需要为仍属生物人的婴儿食饱衣暖而努力，使他的身量体魄日渐成长，也需要于日常作息中细心引导，使他能顺畅地融入社会，有能力自处于家、学校、同侪朋友，以及多元的生活圈。我认为这就是社会化理念在教养任务中落到实处的地方。

区分我和你： 胭脂实验

婴儿不是一出生就能分辨你我他的，他们往往分不清楚自己和外在世界的区别。前辈心理学家在 20 世纪 70 年代对婴儿进行过一系列的胭脂实验（rouge tests），又称为"镜中自我辨识实验"，或红点实验。他们在学步的小人儿额头点上红点，让他去照镜子，如果他伸手摸自己额头的红点，表示他知道镜中的小不点就是自己，已经有了自我意识。如果他并没有触摸自己额头的红点，则说明他的自我意识尚待形成。系列的实验发现，一岁多蹒跚学步的小不点儿，才开始有"我"的认知，开始区分"我"和"他"。小不点儿会通过各种不同的行为和姿态，通过与身边的重要他人的比画动作，将有别于他人的"我"表达出来。

自我

自我（self）是个人对自己的认知、感知、理解和评价，包括主体性和独特性两个面向。主体性，意指从认识我是谁，我和别人的关系如何，来彰显我是个独立的人，有独立于他人的位格。独特性，意指任何人出生的模样、气质，以及外貌、体型、天分，是与生俱来独特的一份，不仅前无古人，而且后无来者，世界上没有另一个他。重点是，孩子，虽从父母而出，但却是一位独立的个体，有他与生俱来的独特性，不仅父母没法干预和选择，孩子更是没有发言权和选择权。对父母而言，在旁照顾陪伴孩子的成长，是尊重接纳孩子主体性以及探索认识孩子独特性的过程。

从他人眼中认识我

早在20世纪30年代，社会学者米德（George H. Mead, 1863—1931）就对人的自我的形成提出过一个开创性的理解。米德提出，人的自我，是通过和身边其他人往来互动，以及个人所感受到身边其他人对自己的看法总结得出的，故而，人的自我是社会化的产物。展开来说，生物人个体是通过社会化，这个与他人往来互动的过程，成就了对自己的认识，从而建构对自己身份和角色的认知，以及确立个人风格和性情的独特性。根据米德以及其后的学者的说法，个体和身边的其他人往来互动，双方是通过信号的发送与接收进行的，过程中会呈现一连串彼此的诠释、修正、理解和确认。这些信号可以是语言文字，也可以是非语言的行为举止。通过这个过程，个人能从对方所发出的信号，认识到自己在对方眼中是个什么样的人，也逐渐将对方眼中的自己，接受成为对己身的看法和评价。在社会上众多的其他人中，能根本影响个体成为一个什么样的人的人，往往是父母。身边的其他人也可以是偶遇或关系不深的其他人，但是父母往往是孩子成长最为关键的重要他人。米德对自我形成过程的理解，同时说明了群己关系的重要性。

成长有时，发展有序

认知发展

1964 年，瑞士的儿童发展心理学大师皮亚杰（Jean W. F. Piaget，1896—1980）提出"要了解就必须去发现"的学习论点。他指出，幼儿出生后，吸收知识和适应环境的认知方式，以及解决问题的思维能力，会随着年龄而有变化。根据对自己儿女及其他孩子的近距离观察和分析，他将认知方式和能力的变化以及相关特性，分为了四个阶段，即发生在 0 至 2 岁之间的感知动作期（sensorimotor）、2 至 7 岁之间的前操作期（pro-operational）、7 至 11 岁的具体操作期（concrete operational），以及 11 至 16 岁之间的形式操作期（formal operational）。他认为，这四个阶段的发展是有次序的，并且承先启后，每一个阶段都奠基于前一阶段，从而顺序垒加式地发展。虽然四个发展阶段的发生时间点或有个别差异，但普遍观察得到雷同的发展顺序。

社会心理发展

哈佛大学发展心理学和心理分析学教授埃里克森博士（Eric Erikson，1902—1994）认为，人的自我意识的发展持续一生。他将人格发展阶段分为八个阶段，每个阶段各有心理冲突的挑战，其顺序和遗传有关，但能否顺利度过各个阶段的挑战，则受制于外在环境，并且影响着下一阶段的发展。根据埃里克森博士的理论，孩子自我意识形成后，三岁左右进入幼儿期，基本语言能力已成熟，活动力、主动性都大增。以大脑的成熟度为标准，从出生到七岁，90%—95%的智能发展就已定型。

成熟度与近侧发展区

受教于俄国的犹太裔心理学者维果茨基博士（Lev Vygotsky，1896—1934）在20世纪提出个人成长发展的社会文化理论。他指出，人类的心理和认知能力不是天生的，而是借由语言和其他媒介，与外在社会文化环境交流而来。维果茨基对幼儿能力区块有个独特的分类，带有强烈的成长有时、发展有序的叠加意涵。

维果茨基将幼儿的能力区块细分为实际发展水平与近侧发展区两部分。实际发展水平（Actual Development Level，简称ADL）是幼儿能够独立完成的能力水平，表示幼儿成熟到已经掌握并能够独自完成的技能和任务。近侧发展区（Zone of Proximal Development，简称ZPD）则是幼儿尚未完全掌握的技能和概念，是在与他人合作或得到他人协助下能够达到的能力水平。幼儿简单、基本的动作和行为，受到成熟度的影响较大。年龄稍长，对于那些较复杂、特殊的动作和行为，学习就很重要了。近侧发展区是幼儿发展潜力的开发和学习的焦点。

鹰架过程

延续维果茨基的学习理论，1976年伍德（David Wood）、布鲁纳（Jereme Bruner）和罗斯（Gail Ross）等人进一步提出了鹰架（scaffolding）一词，以形象化学习系统，用以表达儿童内在心理能力的成长，是有赖于身边的成人或是能力较强的同侪协助的。孩子身旁的重要他人，包括成人或同学朋友，如同搭起来的有力适当的鹰架，在掌握住孩子实际能力水平在何处后，通过示范与协助以及提供足够的支援，提升他的学习能力，并引导其下一步的发展。

成长发展的内涵

智力开发不是人生胜利组的唯一门票

早在百多年前，智力（IQ）被认为是天生的，由遗传而来，而且智力是成功之母，是人生快乐幸福的重要元素。这样的论点引发了不少研究，其中的先驱当然要数美国斯坦福大学教授特曼博士（Lewis Terman，1877—1956）。他所启动的研究不仅修正了当时主流的看法，还找出了不少出人意料的发现。

特曼博士相信智力是天生的，且最能预测个人人生能否成功，能否幸福快乐。他为了证明高智力导致高成就，发挥他的研究精神，在1921年启动了一个"天才们的遗传研究"（Genetic Studies of Genius），想弄个水落石出。他找了1 500位 IQ 都在140以上的十岁孩子，开始收集他们生活方方面面的资料。这个企图心极强的研究设计，在今日，已成为重要的学术资产，是世界上研究时序最长，且研究主题最为广泛的追踪调查。出人意料的是，这个研究甫一开始，就发现了智力和成就之间并没有一对一的关系。

但是，又是什么因素让人活得长，活得精彩，觉得人生没有遗憾呢？为回答这个大哉问，许多年轻学者接棒，继续追踪这1 500位天才儿童，收集他们的求学经历和成绩单，以及工作、婚姻、儿女、健康、嗜好、交友的情况，甚至过世时的讣文等信息也囊括其中。这近百年的追踪调查过程，终于颠覆了人们习以为常对个人成长发展的理解。2011年，也就是启动这项研究的90年之后，两位美国加州大学的心理学教授弗里德曼博士（Howard Friedman）和马丁博士（Leslie Martin）在分析特曼博士启动收集的这1 500位天才儿童的人生历程后，出版了一本简译为"长寿计划"（*The Longevity Project*：*Surprising Discoveries for Health and*

Long Life from the Landmark Eight-Decade Study）的书。这本书告诉人们，并不是天生智力、后天成就使人长寿，有个精彩、满足、喜乐的人生；他们发现**使人满足喜乐的关键，在于活得有动力、有方向和有韧性。**

长久以来，能够进入美国哈佛大学就读的学生，一定可以算是精英中的精英吧。1938 年，一群研究者对哈佛大学出生于较高社会经济地位家庭的学生充满好奇，对他们进行了成长历程的追踪，于 1942—1944 年间，开始对哈佛大学大学部就读的 268 位白人男生收集资料，史称"格兰特研究"（Grant Study）。这 268 名白人男生中，有一位是后来成为美国总统的肯尼迪先生（John F. Kennedy）。差不多同一时期，也就是在 1940—1945 年间，另一研究团队进行了称之为"格鲁克研究"（Glueck Study）的计划。这项研究则针对 456 位同龄的白人男性收集资料，他们来自波士顿中心区，家庭处于较低经济社会地位。最终，两个项目合并为"哈佛成人发展研究计划"（Harvard Study of Adult Development）。2023 年，哈佛大学的研究团队总结了这两项持续了 80 多年的"成人发展研究计划"的研究成果。研究发现，有"好"的基因固然是件幸运的事，但是，有好的基因仍比不上常享满足喜乐的人幸运。分析这 80 多年收集的资料，他们指出，**亲密、安全、温馨的人际关系，既保护身体，也保护脑。**因此，要照顾自己的健康，让自己不失智，活得快乐，就必须懂得爱人，耕耘自己的亲密关系，包括自己的家和朋友圈。

不同于哈佛大学的研究，美国加州女子私立大学米尔斯学院（Mills College）的海尔森教授（Ravenna Helson）则把研究重点放在年轻女性的成长历程上。海尔森教授于1958年开始，对当年是大四的145位女学生进行追踪，从21岁追踪到72岁。2020年她出版了《生命长河中的女性：来自成人发展的50年追踪研究》（*Women on the River of Life：A Fifty-Year Study of Adult Development*）一书。这个多年的研究计划发现，**自我发展得好，就有洞察力，能独立也能信赖他人**。自我发展得好的女性，她们自信，自我接纳，勇于追求实现自我，也能承认内在冲突，对自己的人生兴致勃勃。遇到困难，她们能想出替代的道路，有勇气去改变。其中特别有成就的一群女性，尤其感激父母的爱和鼓励，不压制她们的感受和天性，给予她们信任和不干扰，以致她们的自我发展没有受到太多的阻碍。另有一些受访者的回答，令我印象深刻。她们指出，爸爸妈妈十分能干、聪明，并且有出色的领导力，是职场上的常胜将军。这样的父母虽然能赢得她们的尊敬和佩服，但不免会让女儿承担虎父怎能有犬女的压力。这类的研究进一步提示我们，智力并不是人生胜利组的唯一门票。父母宽松的爱，以及子女和父母的气场，对孩子的自我发展有着更为深远的影响。

呼唤孩子爱的能力

父母爱孩子，与生俱来。宝宝带着哭声呱呱坠地的那一刻，甚至早在十月怀胎之时，父母对小家伙的爱便已然而生。相对而言，孩子对父母的爱，并不是与生俱来的，而是在出生后由外在世界呼唤出来的。孩子和双亲之间虽然有血缘关系，但初生之时的血缘关系并不必然让孩子对爸爸妈妈产生情感连结，并不必然对爸爸妈妈生出依恋之情，也并不必然维持紧密的连结。孩子爱的能力是由出生之后的人生经验学习而得，端视父母的作为而定。经典的说法是，**人之所以有爱，是因为他先被爱**。孩子之所以能爱，是因为父母先爱孩子，而且是按照孩子天赋既有的样子来爱。他对爸爸妈妈的情感依恋，对周遭他人的同理关怀，都是由爸爸妈妈的种种作为呼唤出来的。

哈洛博士（Harry F. Harlow，1905—1981）曾在20世纪50年代进行过一系列实验，探讨新生儿对妈妈的依恋之情是怎么产生的。这位美国心理学家用新生小猴做实验，在没有机会接触猴妈妈的情境下，小猴子被单独放进一个笼子里，里面放着一个用钢丝制成且挂有食物的钢丝妈妈，笼子的另一处则是没有食物，但用柔软的毛巾布包裹住整个钢丝的布妈妈。在一天24小时里，新生小猴几乎所有时间都待在布妈妈身上，只有饿了才去钢丝妈妈那里快快吃饱，然后再迅速回到布妈妈身边。虽然这个实验受到一些批评和质疑，但这个研究却贡献了颇有价值的研究发现，它揭示了食物不是情感依恋和爱的源头。或者更精准一点的说法是，物质的供应并不足以召唤出被供应者对其的情感依恋。

情绪非天成，大脑有角色

情绪可以理解为受到来自外部的刺激，由神经生理方面变化引发出来的身体生理反应、心理感受和行为动作，一般认为，情绪由认知评估、生理反应、感受、表达和行动这五个元素构成。长久以来，学界把情绪看成内在的生理反应，无论是负面的情绪如悲伤、害怕、生气，或是正面的情绪如开心、兴奋、感动、爱，常会伴随出现飙泪、心跳加快、脸涨红、呼吸急促、手发抖、身体冰冷、手舞足蹈等生理反应。

2017年，美国东北大学心理学教授巴瑞特博士（Lisa F. Barrett，1963—）出版了一本有关情绪由来的书，书名是 *How Emotions are Made：The Secret Life of the Brain*，中文可直译为"情绪是怎么制作生成的：脑的神秘生命"。在这本书中，巴瑞特教授总结了认知及神经科学近些年的发展，强调大脑在情绪生成中的角色。可以说，情绪是由我们的大脑不断地"工作"建构而来。巴瑞特教授在书中指出，情绪本质上是由大脑概念化地构建的，对人而言，**各种情绪，它的意涵和命名，正面或负面，都是通过大脑不断地对周遭的人事物及环境进行观察、判断和感受得来的**。大脑将这些观察、判断和感受概念化地用语言、符号和文化认知来表达和解释出来，而这些表达和解释则最终被总结成为人所经历到的喜怒哀乐的情绪体验。

大脑在情绪生成中扮演重要的角色，因此巴瑞特教授建议训练大脑更为准确、细致地标记、分类和感知我们的情绪经验，使得大脑能够储存更多备用的信息，来侦测和预测当下的情绪状态。一旦能够有效地辨认和分类当下的感觉，这些详细、准确的有关情绪的信息，便可以为人们提供灵活、有用的反应工具，针对外在情境，或采取适当的行动，或不采取任何行动。巴瑞特博士认为，情绪的表露和管理，最为重要的就是强化个人的情绪概念库。她的建议对孩子学习认识情绪并进而懂得如何流露和处理情绪，很有启发。因为情绪不是固化的生理反应，情绪的形式和表达因人而异，受到个人的经验和文化背景的影响。认识到情绪的多样性有助于我们宽容地对待他人的情绪体验和表露。

习惯成自然，烙印于大脑

什么是习惯？习惯是一些在特定的情境或触发因素下会自动启动，不需要经过大脑思考、判断、选择就会反射地做出的行为。不是习惯的行为，就是需要大量的认知或有意识地思考之后做出决定和选择的行为。习惯有两个核心特性，重复性和自转性。举个例子，手机世代的人，手指在键盘上飞快地输入，如果要求他停下来，问这个字怎么输入，他一定会愣住，答不上来。因为输入法已经在他的大脑记忆层刻印，不用想，自动会输入，一想，就不行了。习惯性行为在人们每天的行为中占比相当高，平均下来，我们每个人每天大约四成左右的行为是基于习惯。一些习惯是个人独特的，而有些习惯则是社会或文化共享的。试想如果日常生活中，我们不是有那么大占比的行为是基于习惯，每一个行动都需要花精力去考虑、判断、做决定，那会多累人。

神经生物学家和认知心理学家对习惯如何养成以及促进习惯的大脑网络有了更深入的了解之后，发现习惯的形成并不是一个简单的过程，远比我们想象的要复杂得多。习惯的形成有三个核心元素，**提示性触发、重复的回应行为，以及行为之后所得的奖赏**。习惯的形成始于情境提示，当启动了某种行为或者动作，重复做多次之后，就会在大脑的神经系统烙下印记，习惯成自然，因熟练会使事情变得简单，更重要的是因此而得到的奖励，会成为持续如此的动力。例如，你早晨八点半要到公司上班，但上班前你还需要梳洗、上厕所、吃早餐、穿衣出门、通勤，等等。你自然会倒推回去，几点起床才会有充足的时间完成前面的动作，准时到工作地点。刚开始上班的人，多少会有些手忙脚乱，有点紧张，会留多些时间，避免迟到。隔了没几天，每天重复同样的流程后，起床上班的节奏就会像自动转动的球一样，不用花太多心思力气，就可准时了。这个例子的提示性触发，就是今天是上班日，之后就是一连串上班前需要的习惯性动作，而得到的奖励则是你能准时上班。你的大脑开始在习惯神经系统建立记忆，形成习惯记忆，将上班工作这个情境和准时到公司这种奖励连结起来，于是习惯就成型了。

积习难改，牵动大脑

2019 年，美国南加州大学的心理学教授伍德博士（Wendy Wood，1954—）出了一本书，书名是"好习惯，坏习惯：促使习惯往正向改变的科学"（*Good Habits, Bad Habits: The Science of Making Positive Changes That Stick*）。这本书引起我的兴趣，也促使我阅读了更多文献中有关习惯的研究发现。习惯的研究提问切中的正是人性的弱点。多少人下定决心改变自己的生活形态，但立志行善由得我，行出来却由不得我。明知不运动、吃太多、熬夜、抽烟酗酒对身体不好，且发胖影响自我形象，许多人仍深陷这类瘾头，难以自拔。有烟瘾的人，一根一根地抽，一天之中不自觉地就抽了两包，尤其在有压力时，事情有点难搞时，有情绪时，或是重大决定还不知如何处理时，很自然地就会从口袋摸出烟来，纾解一下。压力、难搞的事、情绪、重大决定之前，这些都是会触发抽烟的提示性情境，促发已养成的抽烟习惯。

困难点在于，习惯一旦养成，要改，就不只是决心的问题，还牵动我们的大脑运作方式。不仅要洗掉已刻下的记忆模板，还要重新学习，通过一遍遍的动手和实际行动，建立新的记忆模板。工程量不可谓不浩大。用戒烟作为例子，在戒掉的头一段时间,当提示性触发情境出现时,人们会很自然地去摸过往放烟的位置,发现摸不到烟才猛然想起,自己已经下定决心戒烟了,而且已经成功戒了烟。这个因为提示性情境而触发摸的动作,会持续一段时间,说明过往的习惯,仍留在大脑,仍被记忆。但经过一次次提示性触发情境的出现,即或去摸口袋,没有烟也不再有抽的动作,而且有赞赏成功戒烟的大拇指等着,不抽烟的习惯遂逐渐形成,抽烟的习惯也由之改掉。

代际复制是如此真实

谈到遗传学,一般都会从奥地利修士孟德尔(Gregor Mendel,1822—1884)讲起。这位被誉为现代遗传学之父的修士于1865年起在修道院的花园中对豌豆进行了不懈的观察,他发现了常言所谓"龙生龙、凤生凤、老鼠生的儿子会打洞"的规律。20世纪50年代,一批社会学者发现了一个至今已为人们普遍接受的规律,就是人的成就表现,与他出身的家庭背景有密切的关系。某种程度上,人会复制原生家庭的思维方式、价值观、生活习性、行事风格,我们现在通称为代际复制。"龙生龙、凤生凤、老鼠生的儿子会打洞",也就是社会学专有名词"代际复制"的通俗翻译。简言之,家庭对个人成长同样具有复刻的效应。

人们对家庭生活的安排以及养儿育女的方式,不是凭空而来,也不是在真空的环境下生成的。夫妻之间的关系、家庭氛围、对待儿女的方式,甚至自己的脾气性格,其实折射的都是双方原生家庭的影响。有关代际复制的研究发现,童年时如何被对待和教导,会在日日夜夜的熏陶和潜移默化中养出习惯模型,表现出某种采用类似的方法,向子孙后代传递类似的信息的行为惯性。内化了的行为惯性,会不自觉地复制在对孩子的教养上。人们会发现自己身上,有爸爸妈妈的影子,挥之不去。争闹不断的家庭,原生家庭也极可能争闹不断;谨慎小心的个性,极有可能源于爸爸妈妈充满焦虑的耳提面命,以及言传身教中不时出现的叮咛提醒。

许多人对于自己幼年的成长经验和原生家庭的家风并不以为然,纵然深受其害,但在成家之后,在教养自己孩子之时,也仍然会不自觉地复制原生家庭父母亲的教养方式,将父母对待自己的方式,自己童年的经验,又复制在自己孩子身上。我曾经参与一个读书会,当时读的书是《爱里无刑罚》,很重要的教养课题。分享这本书的嘉宾很有意思,是两位年长的夫妇和他们的儿子。儿子指着桌上的各种体罚工具:拖鞋、鞭子、细条、尺,等等,说:"妈妈每种都用过。"轮到妈妈时,她说:"我是家中九个小孩中最小的,妈妈对我们,是照三餐打。"这时儿子插嘴了:"我看过外婆打妈妈,她虽然裹着小脚,却仍能拿着棍子追着打。"这时妈妈补充道:"我也注意到,妈妈不打三个哥哥,她很重男轻女。有了孩子,我也不自觉地照做了,后来受到教导,我开始慢慢试着改变。因而想借着这个机会郑重地向儿子道歉。"这时爸爸说话了:"我的原生家庭也差不多,在众多子女中,我和三姐被打得最多,不只是照三餐打,一打都是双打。"(引文十二)

而在我个人协谈辅导的经验中,有如在读书会见证的这个家庭也并不是少见。幸运的有机会从原生家庭成长的黑洞中走出来,不幸的却付出一生的代价,而且多半会将伤害传递到下一代。要知道,无论是良好的美德还是伤害、恶习,通常都会是双倍的,都有夫妻双方的影子。双方从各自原生家庭父母亲的作为潜移默化传承而来,加乘地用在自己孩子的身上。正因此,有觉醒意识的父母在养儿育女之时,要敏锐于原生家庭的影响和代际复制的规律,查验何为善,何为无益,何为有害,有意识地去芜存菁,才能尽可能摆脱代际复制带来的伤害。

家庭如何塑造人

人生初期的社会化,发生在家庭。爸爸妈妈是个人成长过程中的重要他人,而且是最为关键的重要他人,是在众多社会上的其他人中，能根本影响你成为一个什么样人的人。家是教养发生的主场地，父母在家庭生活的安排以及孩子的教养上掌有主动权和话语权。前节有关"自我"的讨论中，已说明。孩子接收、理解、回应来自父母家人的行为举止、口头言语、肢体动作释放出来的信息，从身边重要他人的看法和评价中形成对自己的认识。

20世纪70年代，美国家庭治疗大师萨提亚（Virginia Satir，1916—1988）出了一本书，英文是 *People Making*，中文版书名翻译得非常传神精准，就是我沿用作为本节标题的"家庭如何塑造人"，数十年来一直畅销。这本书的内容，或者说萨提亚终其一生，都在从家庭中找线索，帮助在家庭中受到伤害的人获得疗愈。我曾经参加过她的工作坊，不仅深深被参与者童年受到的伤痛触动，更对童年受到父母或其他长辈近亲无意有意伤害的普遍程度感到震惊。看到几位家庭治疗领域的前辈，小心翼翼撕开被辅导者埋藏在内心深处的伤口，治疗时温柔细腻又专业老练，作为旁观者的我，总在敬佩之余想到，要让这些伤痛得到恢复谈何容易。

学术研究会将家庭氛围定义为家庭成员之间的情感气氛和亲密程度。家庭氛围能够反映出夫妻双方的价值观和内心需求，也能体现夫妻关系、家庭生活的安排和养儿育女的方式。有的家庭总是闹哄哄的，有的则安静低沉；有的炙烈如热火、温暖如旭日冬阳，有的则相敬如宾、清冷淡漠，各过各的。家庭氛围，可以说直接形塑孩子的自我认知，雕琢孩子的自我形象。

价值观和行事风格主导家庭氛围

家人之间的互动和沟通，家庭的规则，以及家人，尤其作为掌门人的父母的人生理念、价值观和彼此之间的关系，都是建构家庭氛围的主成分。

在一个公开场合，一对看起来天造地设的年轻夫妻，情绪激动地述说着他们婚姻和家庭生活中的惨痛。他们都以原生家庭作为开场白。先生说道，在重男轻女的家庭中，他因为读书很厉害，从小他要的几乎没有得不到的，就这样，他被纵惯到只在乎自己，意识不到自己需要承担任何责任。时间久了，他习惯了稍遇困难就想逃避甩锅，将责任推给别人。成长过程中，他曾有过各样的梦想，但总是虎头蛇尾，半途而废，因而到现在还一事无成。他怨天尤人，自怜得要命，甚至用喝酒和混乱的男女关系来麻醉自己；遇到事情，稍不如他意，就将自己锁在房内，不出门，也不准他人进门。这是一位已经进入婚姻并有了小孩的男人，可以想见，他的妻子儿女过的是什么日子。

太太则是这样描述她的成长的。她是在有很多规矩的家庭长大的，定规矩的是妈妈。妈妈有她的一套，对儿女的生活有很多要求，包括学习和做事的方法，如果达不到标准，稍有偏误，妈妈就十分愤怒恼火。另一边则是十分沉默的爸爸，没有情绪，也没有什么开心或不开心，对家里的任何事情都没有意见，完全由妈妈决定。长年下来，妈妈有很多负面情绪和压力，而由于无法从丈夫那里得到回应，就将情绪转向了儿女。这位太太说，她从小就看到妈妈的辛苦，因而也学会顺应妈妈的要求，不敢表达心中真实的感觉，生怕惹妈妈生气。长大后，她在人前也总是表现阳光的一面，将负面留给自己，习惯于惧怕长辈，不希望长辈生气，也不期待任何人可以明白她的感受。通过她的讲述，我们不难想象，爸爸的无担当以及妈妈的强势操控，是这位太太原生家庭氛围的主旋律，也是她那深不可触伤痛恐惧的根源。当遇到总是逃避责任，以自我为中心的丈夫时，她的痛苦想必不需多言，真是令人心疼。

从这对夫妻原生家庭的例子，我们很明显可以看出，由夫妻价值观和性格搭建起的夫妻关系以及家庭生活的安排。夫妻个人的价值观和性格是家庭氛围的核心，直接影响夫妻关系以及家庭生活的安排。重男轻女，唯有读书高这类偏颇的价值观只是其中一例，其他如性格上懦弱退缩，或强势操控、刻薄势利、精于算计、挑剔疑心、自负骄傲、唯我独尊、攀比较劲，等等，这些个人的价值观和性格，都会十分具体地反映在行事为人，家庭生活的经营和安排，以及夫妻关系的方方面面。丈夫原生家庭的偏心纵容是个例子；妻子的原生家庭中父亲退缩，母亲强势，压伤儿女的夫妻关系不能起来保护儿女，以及严管重罚，以父母为中心的教养观，也是例子。我们未必需要再深究他们的家庭生活是如何安排的，这些面向所总结出来的氛围，就如同飘在家中的空气，家庭成员人人都得呼吸和接收，也都会深深地烙印在每位家庭成员的生命里。这些有形无形的伤害与辖制，最终也会重重地落在无处可逃、无处可避的孩子的头上。孩子大概率也会退缩胆怯，甚至叛逆，他们的委屈和压抑，恐怕更不知何时得以舒缓。

刻薄言语及家庭暴力

近年来家暴、性侵、精神和肢体虐待等恶劣事件已广为外界所注意。2023年3月29日有媒体报道，一位化名美香的女性，爸爸是企业经理，母亲是专职家庭主妇。从小母亲特别溺爱美香，而且严格管控，美香的一举一动，都得按照母亲的方式去做，稍有忤逆，母亲就会斥责"做这种事的不是我的孩子，我的美香不会做这种事"。个性有点神经质，行事一板一眼的父亲，并不同意妻子对女儿的溺爱和精神掌控，但他也总是在美香稍有差错的时候，便立刻动怒斥责，并且不准美香表达意见。在这样的家庭氛围下，美香上小学时，曾因心理压力太大，出现一时喘不过气、送医治疗的记录。等到上了高中，美香没多久就辍学了。她离家出走，和黑道厮混，以致后来毒品卖春样样来，最终遭到警方的逮捕。值得庆幸的是，美香后来接受了社会福利机构的支援，她在那里接受治疗，生命似乎有了转机，能渐渐挥别因为扭曲的家教而荒诞不已的过去（引文十三）。

美国的泰格博士（Martin H. Teicher）是研究言语暴力的专家之一。他发现，取笑、挖苦、打击、吼叫、责骂、羞辱等负面的语言，激活幼儿大脑的杏仁核，分泌大量与压力及焦虑有关的荷尔蒙和神经递解质，不仅抑制认知和学习能力，而且造成日后身心健康的损伤。美香的故事说明，作为孩子成长的重要他人的父母，在家的平台上，于每天的生活中对孩子的说话方式和管教方式，对孩子的影响力有多大。

父母的心思剧场

从我所协谈服事的家庭中，我经常感受到年轻父母的焦虑、困扰、挫折和孤单，常从他们口中听到"我只希望孩子健康快乐地成长"，但行动上却观察不到。我看到的反而是，随着孩子成长上学，预备赢在起跑线、担心孩子输在起跑点的父母，每天冲冲冲，时时定意要给孩子足够的机会和资源。在给予机会的善心善念发动之余，要孩子健康快乐成长的初衷，多不自觉地放在一边。

忘我地投入和奔波，是现今父母们常常表现出的育儿状态，这些企图心相当程度地折射出父母们内心深处不为人所易见的世界。童年生活被压抑的渴望、不安全感、愤怒和无力无助，在成年后养儿育女时多会不经意地流露出来。以爱孩子之名，为孩子好之理由，将自己的心理需求投射在孩子身上，是父母们经常犯的错误。谁成长过程中没有担惊受怕的经验？谁成长过程中没受过委屈？轮到自己有话语权时，就竖起高栏，保护孩子，这个不可，那个不行。谁不想往上爬，让别人看得起？但自己在社会中无力奋进，就用全力投资儿女，要求他们用突出的表现，赢得别人的掌声。谁内心一点自卑感都没有？但自己自卑感作祟，却让儿女成为争气的工具，让孩子过得战战兢兢，生怕没达标，惹恼父母。谁不想得到别人的夸奖，令别人羡慕？但自己做不到，就转身用孩子赢得别人的夸奖和羡慕。谁童年时是要什么有什么的？等自己养孩子时，却把孩子当成施与的对象，苦不能苦孩子，把孩子养成惯性伸手族，等着别人来服侍。明明是孩子的成长和学习，却成为家长间的较劲和竞争，教养中充满面子、虚荣心和焦虑，以为是爱孩子，实则掺杂了太多自我中心的自私。

平心而论，掌握不住状况的不安和焦虑、骄傲和自卑的混杂情结、不满足的遗憾和补偿心理、炫耀和较劲等等心理活动，虽然原因不一，程度不一，但，谁人没有？遗憾的是，父母的内心剧场很多时候经不起外在社会的催促，很容易就被放大，于是在不平衡的心理状态下，放下了自己的判断和自信，不顾孩子的性向天赋，跟着外在环境，频于追教养、拼教养。最近家长群流行学潜能开发，我的孩子也去；你家孩子去学小提琴啦，我孩子也去。我就认识一位家长，安排孩子挤进离家甚远的一所重点学校就读。为了避开上下班交通高峰,孩子必须清早六点出门,通勤一个多小时。因为路远,放学后需要安置孩子,就再掏钱让孩子在晚托班写完作业,点外卖让他不饿肚子,每天近晚上九点才回到家。除此之外,孩子还参加了学校没教的才艺技能班。这样的安排,严重限制了孩子的休息时间以及与家人的相处时间。我就问道:"为什么要如此劳师动众,选这所学校上学?""因为有名,升学率好,是明星学校。"孩子的妈妈露出很有面子的表情。"为什么不到学校附近住?""周边房子太贵,住不起。"然后不无辛酸无奈地补充道:"我们做父母的,能做的就只是辛勤工作努力赚钱了吧!?"这位母亲自认已经尽力给了孩子各样机会,孩子学不好,责任已经不在我了。这样的父母在当今社会比比皆是,我想说,用"头羊效应"来形容现代父母追教养时底层的焦虑、惧怕和虚荣,也蛮贴切的。什么是"头羊效应"呢?大家都知道,羊咩咩天生是弱视的,它跟着前面的羊走,前面的羊则是跟着领头羊走,领头羊呢,又是跟着牧羊人的指挥走。简单地说,这叫作从众跟风,不健康地"追"教养。

怨偶的涟漪伤害,波及儿女

前面提到的美香的经历算是很极端的例子,但这悲剧被报道出来,反映的却只是冰山一角。现实是,因父母关系紧张疏离,在扭曲混淆的价值观中成长起来的孩子,为数仍不少，他们在暗夜的哭泣和挣扎，扭曲的人格，外人是很难轻易看到和体会的。过去多年，我接触的许多年轻朋友，大多是人生胜利组成员。他们过五关斩六将，取得很好的学历；他们有着令人称羡的工作，看上去都在兢兢业业、踏踏实实地生活着，没有美香那样的悲惨经历。然而，他们中间有的三十好几了，仍在挣扎和饱受忧郁的困扰，需要借助定期看医生服药，才能抵挡情绪的低沉。有的人际关系混乱，处理得如同蛮横的小孩，粗糙冷漠，极不负责任，完全没有成人应有的成熟与担当。有的低自信，低自尊，表现出来的逆商，与他们的智商全不相称。有的内心复杂到不断地自我分析，自我对话。有的和父母情感失联，甚至被动地被父母情感失联。更有的，有家有小，仍然两手一摊洒脱不羁，天塌下来让别人顶。

父母关系不好，带给孩子的伤害有时会陪伴一生。举个具体的例子。小雯生长在一个相当富裕的家庭，她彬彬有礼，气质高雅，言语柔和低调。然而，和她相处时，你总觉得有些不真实。在某些话题上，她总会闪烁其词和自我保护，防卫心不自觉地流露。后来我慢慢了解到，年近四十的小雯，每天仍不断地在进行自我心理辅导。她讲起自己的家庭，爸爸事业有成，爷爷奶奶退休前也都小有地位。小时候她和爸爸妈妈、爷爷奶奶同住。而她的日常生活，则主要由退休的爷爷奶奶照顾。遗憾的是，妈妈在她很小的时候无预警地离开了这个家，再见到妈妈，已是很多年之后的事。妈妈去哪里了呢？儿时的小雯一肚子问号，处在极大的困惑中。是我做错了什么吗？大人们到底在玩什么把戏啊？为什么每个人的说法都不一样？我要相信谁的呢？聪明的小雯从大人们讳莫如深的态度以及相互矛盾的说法中，逐渐感受到巨大的出卖与背叛。这些困惑和被背叛的感觉极大地挫伤了小雯对人的信任。她夹在复杂的家族关系中，虽然衣食丰厚，却处在蒙骗和谎言中，无形中不能相信别人、不敢相信别人。她敏感，观察力强，懂得辨别权力关系，习惯于怀疑、压抑、躲藏和自我保护。长大后，她试图了解自我，奋力地自我分析和自我对话。然而，不断地自我分析并没有让她走出谜团，也并没有让她摆脱成长过程中爸爸、妈妈以及家中长辈所营造的阴霾家庭氛围的纠缠。复杂的大人世界，造就了小雯复杂的人格特质。对于小雯来说，缺席的母爱是个充满困惑失望又充满渴望期待的生命缺角，她纠结的自我形象，也影响着她成年后夫妻关系和家庭关系的经营。

　　一位年轻帅气的男生，为着和女朋友之间剪不断理还乱的情丝来找我。谈话间，他轻描淡写地说道，关系很糟的爸妈复合了。我很惊讶地发现，常人认为应该是开心的事，在他竟然感到烦恼和愤怒。原来，这位男生是在家暴家庭中成长起来的，从小就看着爸爸打妈妈。为了保护妈妈，他奋力打抱不平，仍然为自己的无力而自责，常常感到无助。虽然爸爸并没有少给他一分钱，总让他衣食无缺，但他憎恶爸爸，与爸爸的关系也异常疏离。他选择早早就离开家，在外上学，很少搭理家里的事。知道爸妈现在关系变好，他有种被妈妈背叛的感觉，心中充满着不平和不解，同时也自责自己居然没有因爸妈复合而开心。

还有一位让我心疼不已的年轻人的事例也非常具有典型性。犹记初识之时，她刚大学毕业，工作认真负责，深得上司的赏识。但没过多久，她就坠入忧郁的深渊，白天勉为其难地工作，晚上无法入睡。她没想到自己年轻的体能，也有撑不下去的时候。在深入聊天后我得知，她的爸妈将姐妹俩单独留下去了国外工作。夫妻虽然努力工作，但在金钱的处理上却总是问题不断。为此他们夫妻二人除了时常争吵打架，还将财务上的缺口倾倒在了两个不大不小的女儿身上。作为长女的这位年轻人，在承受压力之余，半工半读尽力存钱帮助父母还债，但情绪始终没有出路。她在失能的父母之下摸索成长，过早承担了原本父母应该承担的担子；她像溺水的人挣扎着想站稳脚跟，奋力不懈地想上岸喘口气，却始终无法上岸。旁观者也不能不为之动容。

在近身接触，认识他们内心世界的过程中，我注意到，这些孩子的成长过程中，有着共同相似的遭遇，就是他们的父母失职，夫妻之间长期不和甚至离婚。这些在父母不和、离异、失职的环境下成长的生命故事，成年后的回顾已令人动容，更何况发生在没有自立能力的幼年。其实父母失和殃及孩子的事例，比比皆是。最近听到一对夫妻开心地说，我们家的小朋友都观察到我们的改变，孩子直率地说："你们最近很温柔，我喜欢。"我很为这个孩子庆幸，也为这个孩子的勇敢表白鼓掌。这对夫妻，丈夫酗酒且有外遇，妻子对丈夫常常追债式指责，夫妻二人经常性争吵吼骂。可以想象，曾经在多少暗夜，这个小朋友蜷缩在床上，耳中听着爸妈的叫骂互殴，害怕之余还是害怕。无人可以投靠的阴影，和黑夜一样重重地笼罩在他幼小的心灵。夫妻关系至终出现了神迹式的转折，孩子侧耳可听，有眼可见，旁观的人为之松了一口大气。

超前部署的能与不能

当今社会正以加速度在发展，人们大谈特谈的是人工智能、ChatGPT、无人驾驶、大数据。我的思考是，面对如此日新月异、瞬息万变的发展，父母难免有很多焦虑，担心自己跟不上时代，担心孩子上网成瘾，沉迷于虚拟世界，担心孩子错失了什么新技能的学习，担心新科技的可能伤害。务实地说，生活在计划赶不上变化的现代人，面对人所研发而人未必能掌握的未来，想要在教养上超前部署，我认为最重要的是要清楚认识教养所面对的大局，认清了大局，知道自己的局限，将有限资源在关键时机投注，才能为孩子创造条件。那么，家长们所面对的是个什么样的大局呢？我认为可以从以下三个方面来思考。

第一，家长面对的是网络原住民教养网络原住民的时代。我们知道，1995年前后是网络出现的年代，之前出生的人，可以统称为网络移民世代；之后出生的人，则根本不知道没有网络的生活是怎么回事，他们是网络原住民，和人工智能一起长大。在这个网络原住民教养网络原住民的世代，不断提醒使用网络对个人和家庭成员的负面伤害，不能说是夸大其词，但恐怕是划错了教养重点。正如电视出现的时代，学者专家大声疾呼电视节目对儿童成长的伤害一样，每次划时代的新科技加速进入日常生活时，总有集体焦虑。但在科技发展日新月异的当下，下一个世代会面对怎样的世界，以科技发展的速度和幅度来看，我认为明天绝对是现今一辈所难以预判的。

第二，家长所面对的是心有余而力未必足的时代。20世纪两次世界大战结束以来，各国都不遗余力地投资于教育以培育人才。和平年代不仅使人们的平均教育程度有所提高，连女性的教育机会也大为改善，男男女女在离开学校后，仍不停地进修，直接收窄了男性和女性的教育落差。女性进入职场，已是当代社会的常态。统计资料也显示，男性和女性的平均预期寿命持续增长,而人们的初次结婚年龄则有所延后,生育率下降,形成了社会十分关注的少子化现象。因为晚婚,少子化现象自然就发生在了许多中年得子得女的夫妻身上,每个孩子都是宝,亲子之间的年龄差距,导致在体力、沟通和彼此了解上,都随之出现一定的挑战。再加上长寿的长辈,上有老下有小,壮年的父母亲,成为一根蜡烛两头烧、工作家庭双压的状态。简单来说,考虑到现今时代长寿、迟婚少生、双薪家庭、双职母亲这些现象的普遍存在,父母在养儿育女上,面对的是心有余而力不足的状况。

第三,家长所面对的是信息爆棚、瞬息万变,且资讯唾手可得的时代。谈到教养和亲子关系,生活在网络社会的现代人,是不缺相关信息的。上网搜寻,弹指之间,信息便排山倒海而来,更无论旨在协助父母的教育中心,多如过江之鲫。越是丰富,越需要做选择。可以说,易如反掌的信息取得,过犹不及,十分挑战做父母的在教养方面的定力。

总结来说,我认为家长得认识到,孩子所面对的世界,绝对有别于当今的世界,而变化的方向,也未必是生于当代的父母所能预估和掌握的。就算是全职父母,精通于教养信息的判读,要跟得上一日千里的科技发展,都可能力有未逮,更何况家长手上往往挂着多重任务,未必有时间精力去判读信息。面对超前部署的重重困难,我建议不妨返璞归真,回归人之成长的基本盘。要知道**科技无论如何冲天发**

展，并没有颠覆人之生命历程的内涵，人仍然需要进入婚姻、组织家庭、生养儿女，人的自我仍然需要活泼健康地开展，人仍然需要爱的滋润并且懂得爱人，人仍然需要在自律的轨道与他人往来。故此，面对大局，我认为教养还是得保持定力，守住基本盘，不让教养偏离未来始终不变的终极价值，让孩子的自我能够自由奔放，活出有动力、有方向、有韧性的人生。至于有动力做什么？朝哪一个方向做？如何展现韧性由逆转胜？我认为这一代的父母可以放心交给孩子，让他们去游刃有余地面对信息爆棚、难以想象的世界，让他们去面对属于他们的挑战。

在我看来，每个世代都有他们要面对的世界，每个世代也都得肩负他们要负的责任。世代交替中，前代敢于放手，后代勇于接棒，一代传一代，谱出承先启后、后浪继前浪的美妙节奏，这也是人类社会的奥秘。

概念集

自我：自我是由一个人反思身边的其他人对自己的看法总结而来，而这个总结是个人通过和身边的其他人往来互动的过程而获得的，故而，人的自我感知是社会的产物。

主体性：自我的一个面向，意指我是个独立的人，有独立于他人之外的位格。孩子，虽从父母而出，但却是一位独立的个体。

独特性：自我的一个面向，意指孩子出生的模样、气质，以及外貌、体型、天分，都是与生俱来独特的一份。不仅前无古人，后无来者，世界上也没有另一个他。孩子与生俱来的独特性，不仅父母没法干预和选择，孩子更是没有发言权和选择权。

胭脂实验：又称"镜中自我辨识实验"。在学步的小人儿额头点上红点，让他照着镜子，如果他是伸手抚摸自己额头的红点，表示他知道镜中的小不点儿就是自己，有了自我意识。一岁多蹒跚学步的小不点儿，才开始有"我"的认知，开始区分"我"和"他"。

实际发展水平：幼儿能够独立完成的能力水平，表示幼儿已经掌握并能够独自完成的技能和任务。

近侧发展区：幼儿尚未完全掌握的技能和概念，但在与他人的合作或在他人的协助下能够达到的能力水平。

心理界限：个人心理上所能接受的极限，超过了某个范围，就有勉强和受压的感觉。

鹰架过程：孩子身旁的重要他人，掌握住他实际能力水平在何处，通过示范与协助，提供足够的支援。如同搭起来有力适当的鹰架，能够提升他的学习能力，引导其下一步的发展。

社会化：人的成长过程是一个从生物人质变和量变成为社会人的过程，社会学界将这个过程称之为社会化。

重要他人：在众多社会上的其他人中，能根本影响你成为一个什么样的人的人，例如父母、配偶、兄弟姐妹等家人。

教养惯习：一些习而不察、不假思索就反射式表现出来的养儿育女方式。

代际复制：龙生龙、凤生凤、老鼠生的儿子会打洞。人们的教养惯习，不是凭空而来。人们会发现在自己身上，有爸爸妈妈的影子，挥之不去。所经营的家庭，夫妻之间的关系、家庭氛围、对待儿女的方式，甚至自己的脾性，折射的都是双方原生家庭父母亲的影响。

爱的能力：个体理解、表达和接受爱的能力和技能，包括有能力理解自己和他人的感情，有能力关怀和表达情感，有能力接受、理解并回应他人的爱，有能力坚忍不放弃，将他人放在心上，看到别人的需要而乐意主动分忧解劳，有能力延缓和克制欲望需求，尊重他人。

失重的爱：因为爱的本质被掏空，不能发挥爱的功能，剩下的是口头说说的空洞表达，没什么意义。

倾斜的爱：亲代向子代单方向倾倒，不求对方回应，也不需回报的爱。

掺杂的爱：爱中掺杂着难以明说的心理需求，例如补偿心理、面子、较劲的虚荣心态，甚至和行为表现搅混在一起。

自律能力：具有内化的是非对错观，能够约束自己、自我管理，愿意延缓一时的满足，遇到该做但不喜欢的事，仍能克制自己的情绪和偏好，坚持不放弃。

生理时钟：人体内部的生物节律系统，调控睡眠和清醒周期、饮食习惯、体温、荷尔蒙分泌等生理过程。

习惯：在特定的情境或触发因素下会自动启动，不需要经过大脑思考、判断、选择就会反射地做出的行为。习惯有两个核心特性，重复性和自转性。相对于不是习惯的行为，就是需要大量的认知或有意识思考之后做出决定和选择的行为。

殷勤：正向的、友善的、体贴和关心他人的行为表现。殷勤的人会自动自发地表达善意和关怀，关注他人的需求和感受。

同理：一种情感和认知的能力，能够设身处地感受到他人的情绪和经历，理解和共感他人的情感和观点。

情感性同理：能够感受到他人的情感并与之共鸣。

认知性同理：能够理解他人的感受和需求。

情绪：受到来自外部的刺激，由神经生理方面变化引发出来的身体生理反应、心理感受和行为动作。一般认为情绪由认知评估、生理反应、感受、表达和行动这五个元素构成。

情绪概念库：心理学界为了研究分析情绪而建立起来的词汇集，包含大量的情绪词汇，有的是单字，有的是短语或句子。这些词汇被归类为不同的情绪类别，例如喜悦、悲伤、愤怒、恐惧。这些词汇用于描述和表达不同的情绪状态和情绪体验。

自主能力：懂得且有能力主导定位自己的人生意义、方向和目标。有自主能力的人肯摸索、能专注、抗逆不脆弱、勇于面对困难。

家庭教养动能：家庭在教养方面的能量。影响教养能量的因素包括夫妻、小家庭与大家族等家人关系的安排，以及家庭内部的语境文化。

家庭氛围：家庭成员间的情感气氛和亲密程度，包括家人之间的互动和沟通，家里的规则做法，以及父母的人生理念和价值观。

家庭语境文化：家庭成员话语的方式和风格，包括对话的数量、言语的质素和讲话的肢体语言和声量速度。

恩言：造就、欣赏、肯定和安慰的言语。

真言：就事论事，不绕弯子、不夸大，坦率、真诚和务实的言语。

能听的耳朵：包括快快地听，完整听完对方讲的话，慢慢地回应，听懂对方话里的意思、情绪、心声、教导和意见等四个层面的意义。

参考资料

Barrett, Lisa Feldman, (2017). *How Emotions Are Made: The Secret Life of the Brain*, Houghton Mifflin Harcourt, Boston.

Duhigg, Charles, (2012). *The Power of Habit: Why We Do and What We Do in Life and Business*, Random House.

Friedman, Howard S. & Martin, Leslie R., (2011). *The Longevity Project: Surprising Discoveries for Health and Long Life from the Landmark Eight-Decade Study*, Hudson Street Press/Penguin Group.

Fromm, Erich S., (1956). *The Art of Loving: An Enquiry into the Nature of Love*, Harper & Brothers. (2006) Harper Perennial Modern Classics.

Helson, Ravenna M. & Mitchell, Valory, (2020). *Women on the River of Life: A Fifty-Year Study of Adult*

Development, University of California Press.

Horkai, Dorottya, Hadj-Moussa, Hanane, Whale, Alex J. & Houseley, Jonathan, (2023). Dietary change without caloric restriction maintains a youthful profile in ageing yeast, *PLOS Biology*. DOI: 10.1371/journal.pbio.3002245

Kuhn, Thomas S., (1962). *The Structure of Scientific Revolutions*, University of Chicago Press.

Lally, P., van Jaarsveld, C. H., Potts, H. W., & Wardle, J. (2010). How are habits formed: Modelling habit formation in the real world, *European Journal of Social Psychology*, 40 (6), 998–1009.

Ludwig, Frederick J., (1952). Delinquent Parents and the Criminal Law, *Vanderbilt Law Review*, 719.

Skenazy, Lenore, (2010). *Free-Range Kids*, Jossey-Bass.

Skenazy, Lenore, (2021). *Free-Range Kids: How Parents and Teachers Can Let Go and Let Grow*, Jossey-Bass.

Waldinger, Robert & Schulz, Marc, (2023). *The Good Life: Lessons from the World's Longest Scientific Study of Happiness*, Simon & Schuster.

Wood, D. J., Bruner, J. S., & Ross, G. (1976). The role of tutoring in problem solving. *Journal of Child Psychology and Psychiatry*, 17, 89-100.

Wood, Wendy, (2019). *Good Habits, Bad Habits: The Science of Making Positive Changes that Stick*, Farrar, Straus and Giroux, New York.

Wood, Wendy, Quinn, J. M., & Kashy, D. A. (2002). Habits in everyday life: Thought, emotion, and action. *Journal of Personality and Social Psychology*, 83(6), 1281-1297.

引文一：上海14岁女坠楼亡，"千字血泪指控"逼哭网友：爸妈，来生别再见，2021-08-22，原文网址：https://disp.cc/b/Gossiping/dZcX。

引文二：徐州母辣招迫温习，团团收到崩溃大哭，星岛头条，2022-01-11，原文网址：https：//www.stheadline.com/china-live/3018790。

引文三：女儿沉迷玩电话呻返学辛苦，父带返工体验辛酸，星岛头条，2022-02-01，原文网址：https：//www.stheadline.com/china-live/3030466。

引文四：遭人尾随险被拐，机智10岁男童一招成功脱险，星岛头条，2022-11-18，原文网址：https：//www.stheadline.com/sup/voice-district/3167154_0。

引文五：弟弟哭闹两个半小时，爸妈大崩溃，6岁哥哥尽显高EQ，反过来安慰爸爸，香港01，2023-08-04，原文网址：https：//www.hk01.com/article/926278？utm_source=01articlecopy&utm_medium=referral。

引文六：北大四成新生患了"空心病"，认为活着没有意义，空心病究竟是什么病？每日头条，2016-11-24，原文网址：https：//kknews.cc/news/vzabybl.html。

引文七：当了一辈子的乖女儿，30岁这年她决定和爸妈分手，联合新闻网，2022-01-03，原文网址：https：//

udn.com/umedia/story/121935/5851579。

引文八：直面真实的世界，上报，2022－05－02，原文网址：https：//blog.udn.com/dawweiwang/171578689。

引文九：鲁豫有约之大咖一日行，原文网址：https：//www.youtube.com/watch?v=yjoG0xlccdI。

引文十："妈，这不是你的家！"凉了多少母亲的心！我们老了可不要这样，2020－01－13，原文网址：https：//read01.com/kzM6DGd.html

引文十一：一个父亲的告白：从一个恐怖分子，变为一个为孩子祝福的父亲，原文网址：https：//www.youtube.com/watch?v=5J8krSBimKs。

引文十二：在线读书会"爱里无刑罚"，原文网址：https：//www.youtube.com/playlist?list=PLfLZDCstmTXe65ROgTngORdFklGRyo9x9。

引文十三：从小被妈妈当分身严格教养，她受不了辍学混黑道吸毒卖春，联合新闻网，2023－03－29，原文网址：https：//udn.com/news/story/6812/70617。

编后记

安抚刚满周岁的宝宝睡下后,我总会长长地舒一口气。夜未静,窗外仍是万家灯火,常让我想起自己小时候。那时的自己,应该也和现在这个小手小脚的你一样,是一点不知窗外事的无忧无虑吧。

但我那时成长起来的社会环境,好像并没有现在这样"卷"。书籍即将付梓,张老师嘱我这个新手妈妈也来写点心得。说实话,编辑作为作者和读者之间的摆渡人,其实更愿意隐在幕后。但这本书有点特别,因为它伴随一个妈妈最初的生育和抚养经历。

教养孩子是系统浩大的工程,这是在没生养之前就知道的。可真到了自己做妈妈的时候,还是会左奔右突,忙得晕头转向。虽有长辈和丈夫的帮忙,丰富的资讯和育儿产品,但焦虑紧张仍在所难免。是啊,怎么可能不焦虑呢?我不禁想到这之后的漫漫长路:学区房、辅导班、心理健康、教育路径，哪一个不是需要举全家之力去迎难而上的呢？更无论人到中年的我们，还需要面对上有老下有小的真实处境。父母们为我们操劳一生，那个还未得到社会充分讨论的养老问题，又怎么会比养儿育女容易？

好吧，有些沉重了。媒体上时时在贩卖焦虑，我们做书的人，就不要这么紧跟潮流了吧。正如张教授在这本书的导言中所说，写作这本书是源于看到这一代华人社会家长们拼教养的那股焦虑。卷不赢，躺不平，不如就从容自在一些。人生是场马拉松，用张教授的话说，学会从容自在做父母，是一场智慧的冒险之旅。这话很玄，有些不在其位的高蹈，但仔细阅读本书，好像要做到从容自在，也不那么不可能。你只需要在以夫妻轴为主轴、有良好的语境文化且愿意突破代际复制的家庭环境中，培养孩子三个基本能力，所谓爱的能力、自律能力、自主能力。张教授将之命名为"陶冶教养"的框架。

这样说来，虽然纲举目张，但依然有些抽象。作为父母，每天和孩子相处需要面对的，都是具体到不能再具体的当下。

编后记

当不会说话的小不点儿突然在你面前大哭，总是在夜晚需要你的不停安抚才能继续入睡；当他把不知道从哪里捡到的纸片直接放进嘴里，练习自主进食却搞得杯盘狼藉几乎没有吃到什么，我真是不由自主又焦虑起来。他到底想要什么？究竟哪里不舒服？我该制止或帮助他吗？会不会因此限制了他的好奇心和自主性？那些育儿书上的答疑解惑，必做别做，真的适合我的孩子吗？更无论这背后还需要不停磨合协调的：工作与家庭的平衡，家庭固有模式的调整和改善，家人之间的分工合作……千头万绪，不一而足。如何从容自在呢？

和我有一样困惑的家长应该不在少数。但作为新手妈妈，我还是更愿意援引张老师读者群中许多有经验父母们的读后感给大家。比如这本书的引荐人，《金榜题名之后：大学生出路分化之谜》的作者郑雅君在读罢此书后写道：

作为一个研究教育话题的新手父母，我想不到自己在养育实践中居然极其艰难，常常感到焦虑和困惑。焦虑是出于我总是习惯性地援引专业知识、主观地放大我养育实践的影响,当孩子的表现不及预期的时候,我总是习惯性地"检讨"自己,让我的养育充满了挫败感;而困惑则是更多的——当我试图上手实践各样的养育理念时,都总会发现,理论很丰满,而现实总不会照着理论预期的那样展开,使得我总在原地打转:究竟是理论错了,还是我用错了,还是孺子不可教也?更多时候,我被困在这样紧绷的"纠错模式"下,忘记了《陶冶教养》这本书中所说的:养儿育女本质上是独有性和偶发性的,是因应个体独有特质来展开的活泼实践。我迷失在了知识的权威之间,却没有意识到教养本质上是父母用自己的生命成全孩子,与孩子的生命发生面对面、直接且密集的碰撞。这个核心理念的缺失,使得我无法安心接纳孩子和自己的"不能",也无法自信地去开发独属于我自己的活泼"教养力"。

在这个意义上,我认为《陶冶教养》这本书提供的理念对许多父母来说是颠覆性的。作者苙云老师挪走了我们头脑中的固执和焦虑,让我们得以谦卑下来,放轻松,回到人之

编后记

"常识",与孩子一同成长,一起学着彼此接纳、彼此相爱。读完书我意识到,我的孩子需要的不是一个"超人",而只是一个尊重他主体性的普通妈妈。

书中所指出的陶冶教养"大原则"也深深地触动了我,家庭是养育的核心,夫妻关系才是教养课题的重中之重,将"工作重点"指向孩子而不是家庭成员之间的深层关系,不仅对孩子不公平,也是事倍功半的。读罢此书,我心里久久不能平静。我扪心自省,看到了自己过去许多受蒙蔽之处,当我愿意修复和改正的时候,我与先生的关系有了突破性的改善,三岁半的孩子更是给了我即时的反馈——"妈妈,我看着你高兴起来了,我也高兴起来了"!

雅君研究大学生出路分化之谜,家庭给孩子能带来的深远影响,想必她在研究中深有体会。小镇做题家在进入大学后,如何与眼界资源与自己完全不在一个层次上的同学竞争?最终让大学生在进入社会大学后取得成功的因素究竟是什么?

陶冶教养：从容自在做父母

在认清阶层分化的真相后，父母如何做到有智慧地放下和拿起，如何在既有的家庭条件下用爱整全培养孩子，想必作为新手妈妈的雅君也在实践。

在"陶冶教养"的大框架下，我们不仅可以把握教养的大原则，还可以读到许多焦虑父母们经常落入的"坑"。有的"坑"掉下去后，甚至许多年后回看都懊恼不已。比如下面这位母亲的分享：

我是一位年近6旬的母亲，我的独生女儿也已30出头。虽然女儿现在已经长大，但我会时常回忆和反思她的成长历程。记得曾经有一段时间由于我工作忙碌，忽视了给她的陪伴和心灵上的关怀，导致那一段时间我完全不了解她的所思所想，我跟她无法正常交流，交流的唯一方式就是吵架。之后因我的工作变动，腾出了一些时间来陪伴她，关心她，母女关系才慢慢得以修复。在她成长的过程中，我一直认为只有学习是她自己的事，我不能也无法代劳，其他事情不需要

编后记

她做她学，等她长大自然会做。所以学习之外的大小事情，我全部承包，家务活从不让她动手，外出从不让她操心，结果导致她在学业上是佼佼者，在生活中却丢三落四，数次将书包、茶杯、行李箱等遗忘在酒店、火车、出租车上。我为此没有少头痛，没少责怪她。凡此种种，不胜枚举。当我阅读了笠云老师的《陶冶教养：从容自在做父母》之后，我才从中找到了答案："孩子的成长路，需要爸爸和妈妈投注时间。养儿育女的一大挑战就是时间的投注，最容易忽视的也是给孩子的时间"，"父母的位置是帮助者、辅佐者。为孩子提供适时、适当、恰到好处的帮助和提点"。原来问题并不在女儿，而是作为母亲的我由于不学习养育知识，才导致了那些让我头痛的事。《陶冶教养：从容自在做父母》给即将做父母和已经做了父母的父母们提供了如何从容做父母的行动指南。

是的，除了时间的投注、恰到好处的辅助，张教授在这本书中还梳理了许多父母们可以反思和注意的地方。比如，父母需要厘清自己的心思剧场，不要让爱掺杂太多掌控、苛求和道德绑架，因为爱无关父母的补偿心理，无关父母的焦虑或虚荣；比如，代际复制是如此真实而深刻地影响着每一个人，而要想突破，不追责地从自我做起就十分必要；比如，良好的夫妻关系和家庭语境文化是孩子成长的良田沃土，家是讲恩言和真言的地方，而家中的情绪要如何表达和纾解，其实关乎更多对情绪的正确认识和情绪自律的训练……凡此种种，相信许多父母都会在阅读中有被点醒的感觉。因为，良好的教养方式，父母们各有各的高招，而负面的教养惯习，则多有类似。

而在这些负面清单中，一个绕不开的话题，是母职焦虑。在"如何平衡事业与家庭"这一话题不断被推高的过程中，我们也看到，更多的母亲在权衡后选择了"全职妈妈"这一身份。许多妈妈放弃高薪、高知平台，努力摆脱原生家庭的烙印，但在全职投入家庭教养的过程中，却承受了更多的无奈与心酸。除了被看见，身为女性，我想这背后需要探讨的，其实还有很多。下面这位全职妈妈的阅读心得或许有一定的普遍性：

编后记

张教授是我的师母,是我先生的博士导师的太太。记得第一次见面时,我站在她位于香港的家门口,她从客厅走过来,张开双臂,给了我一个大大的拥抱。对于从小缺乏这样爱的拥抱的我来说,这个拥抱让我印象深刻,使我感受到被欢迎和接纳。自此之后,我们经常去师母家,她的客厅很吸引人,会聊许多我从未听过的话题。这期间我从一个新婚不久的妻子,成了两个孩子的母亲,日常生活使我焦头烂额、疲于奔命。尽管如此,我去师母家从不间断,仿佛那个客厅是我生命中的加油站。我不知道如何做妈妈,有一种"养不好、教不好"的恐惧和焦虑。师母会手把手教我。在陪伴照顾孩子的十多年里,我越来越意识到,成为一位好的妈妈的前提是,先成为一个更好的自己。在师母客厅里的许多分享,提醒我要认识自己。我是一个自卑的人,常把自己封闭在一个舒适区里,对他人的言语非常敏感,一旦嗅到些许否定批评的语气,就会立即进入自我防卫。这样的我固执倔强,难以听进别人的意见,也容易误会父母长辈同伴的爱心。整个人绷得很紧,不自由,不放松。幸运的是,师母的接纳和分享给予我许多生命的启迪,教我学会接纳自己,勇敢踏出舒适区。最近一次和师母聊天,她夸赞我长大了,因为我不再任凭自卑夺走我的自由,以及认识世界与人交流的热情。我想对每一个读者说:"当你阅读这本书的时候,也和我一样荣幸,仿佛坐在师母家的客厅里,听师母分享自己和家人的故事。愿这本书成为你孩子的祝福,更成为你的祝福!"

好一个"成为一位好的妈妈的前提是,先成为一个更好的自己"。可喜的是,当母职和女性被越来越多讨论的时候,这个社会也开始有越来越多的父亲愿意分担并主动承担更多家庭教养的责任。一位二胎爸爸也分享了自己的心路历程:

第一次听到张教授讲"从容自在做父母",我们真的是心向往之,但力所不能及。为人父母有太多的责任,似乎很多东西都是被期待"合格父母"必做的,怎么可能从容自在呢?所以,和许多焦虑的爸妈一样,我们也一直觉得,一本好的育儿书,最好把方方面面所有的育儿细节都讲明白,然后我

编后记

们照着做，就是最高效的了。所以当初听到张教授讲教养原则的时候，总觉得"不够务实"。

而随着我们的人生阅历增加，自己的孩子们也逐渐长大。在带自己的孩子的过程中，我们的父母帮助了大忙，孩子们只要去爷爷奶奶家，就很安心，吃好休息好，每一次回家都精力满满，更让人称奇的是，爷爷奶奶也一点不吃力。后来我们认真观察老一辈，才发现了他们的带娃智慧：不需要去查什么育儿手册，只根据几条极普通不过的原则，规律生活即可。孩子在这些规则之下生活得更自在，而我们父母也很自在。现在看来，这些朴素的做法有不少和张教授这本书中所阐述的不谋而合。

因此，当我们再次阅读张教授的书的时候，其中关于教养的原则框架和教养次序就一下子变得那么清晰可触。我们这一代父母（80后90后父母）似乎很少明白这些大原则，反而纠结在各种细碎的问题上。张教授把这类现象称为"缺少常识"，我们深以为然。我们或许有很多知识，但是不知道知识的优先次序、轻重缓急，这些知识反而会成为我们教养儿女的阻碍。而我们上一代人，很多人都没有读过什么书，但是尽心竭力操持家庭，反而把家打理得井井有条。我们这一代特别渴望通过知识改变命运，但是在面对需要传承的教养儿女的常识上面，似乎过于不屑一顾，而所学的知识又不足以形成新的原则，这使得这一代父母实在焦虑万分。

而通过教养的原则，我们可以理顺细节问题的有限次序，当我们有了教养的原则和优先次序，我们自然也就能够"从容自在做父母"了。

当我再次有机会近距离面对比我更年轻的父母的时候，发现目前的父母依旧在面对我们曾经所面对的问题，甚至更为严重。那些最基本的常识，包括按时睡觉、按时吃饭等都似乎成了"问题"。可当从家庭秩序混乱的角度思考，一地鸡毛的家庭就有了焕新的希望。我们真心期望张教授能早日推广，带给在中国的千家万户爸爸妈妈以育儿的信心和希望。

也许，常识的力量自有千钧之重。孩子需要的，其实并不是一个完美爸爸或完美妈妈，而只是一个乐于尊重他，辅

编后记

助他，愿意花时间陪伴并培养出独属于你们之间活泼教养力的父亲和母亲。而《陶冶教养》提出的大框架，也并非空泛之论，你只需避免一些为人父母常会落入的教养误区，在合适的时空行使管与教，珍惜每一个当下去经营家庭和亲子关系，就能在时间中使孩子走上自律、自主、有爱的发展之路，让自己和家都变得更从容自在。

细心的读者也许会发现，在本书的最后，张老师结合实例梳理了本书所涉及的许多经典社会学概念。让我好奇的是，作为社会学家的张老师，为什么所有论述都围绕"家"这个最基本的教养单元，而很少提及社会对家庭的影响？答案也似乎很简单：不论社会环境如何变迁，在教养这件事情上，父母都可以有主观意愿地把握框架，做到万变不离其宗。每个时代都有每个时代的问题，超前部署有能的部分也有不能的部分。如果社会让我们变得越来越焦虑紧张，那家庭能否自己先从容自在起来？近身接触许多学业优秀的本科生，在复旦大学担任社会学教授的吴菲老师的一席话，或许值得深思：

2016年开始进入大学教书至今，每年接触数百位优秀学子：是的，他们勤奋、努力、聪明、有热情，最关键的是，他们是在全国千万考生中遥遥领先的胜利者们。让我心疼的是，这些年看到学生们越来越迷茫：更加倍地努力，超负荷地学习，多条路准备……这些内卷的行为带给这群最优秀的学子们的不是更笃定，却是更焦虑；不是更自信，却是更多自我怀疑；不是更团结，却是更割裂。我想，这与社会整体有关，与学校教育有关，更与家庭成长环境有关。跟学生们的聊天让我理解他们如何在早年就将竞争的逻辑，内卷的策略，绩效导向的成功评价内化于心。其实，这代的家长一点也不比他们的孩子更轻松。在看似无法抵挡的教育军备竞赛中，如何以爱来培育整全的孩子？这不仅是萦绕在每个家长心头的问题，更是我们这个时代的大问题。而张教授的这本书，则是对于这个大问题的精彩解答。抓住教养的基本面，好好经营家的氛围，与孩子一同成长……这些看似平常却充满智慧的妙招儿，让我看到了希望。希望读者们与我一样，也能从这本精彩的"育儿锦囊"中汲取智慧、希望与前行的力量。

编后记

是的，当知识竞技和优绩主义已经在碾压人的健全发展的时候，当东亚小孩集中反思想把自己重养一遍的时候，我们是否应该重思教育的本质，家庭的责任？也许正如华东师范大学教育学院张永教授所说：

从容自在的里子是点点滴滴的实践智慧。张教授不是替代家长做决定，而是通过陶冶教养框架促进家长更明智地做决定。对家长教养责任承担状态的判断不仅可以从个体角度看，更应该从整体角度看。就此而言，全面承担教养责任的家长组合才是值得追求的家庭内部生态。当家长意识到家长不等于母职或父职、重视教养责任不等于教养内行、孩子成长不等于学业学习、成长中的问题不等于偏差之时，家长就走在了同孩子一起成长的陶冶教养之路上。

写罢此文，张教授发来了此书的英文书名：*Parenting With Poise*。我这个新手妈妈不禁又长舒一口气。是啊，"陶冶教养"不是什么 new pattern，"从容自在"也不是 be relax，而只是一种需要我们内化于心、行之于实的反思性实践，一种需要不断练习和充实的教养方式。即使会披荆斩棘，我们依然需要保有定力，拥有内心真正的自在从容。因为，从容自在的父母，大概率养得出朝气蓬勃的孩子。

愿这本小书，在每一个您紧张焦虑的时刻，能够带给您转念的智慧。让我们一起，做从容自在的父母吧！